SAMMLUNG GÖSCHEN BAND 440

DAS TIERREICH

V

WEICHTIERE

Urmollusken, Schnecken, Muscheln
und Kopffüßer

Von

DR. S. JAECKEL

Kustos am Zoologischen Museum der Humboldt-Universität Berlin

Mit 34 Figuren

WALTER DE GRUYTER & CO.

vormals G. J. Göschen'sche Verlagshandlung · J. Guttentag, Verlagsbuchhandlung · Georg Reimer · Karl J. Trübner · Veit & Comp.

BERLIN 1954

Archiv-Nr. 11 04 40
Satz und Druck von Buchdruckerei Oswald Schmidt KG, Leipzig III/18/65
Printed in Germany
722/50/50

DAS TIERREICH
IN DER SAMMLUNG GÖSCHEN

ist wie folgt gegliedert:

Bd. I. Einzeller.
Bd. II. Schwämme und Hohltiere.
Bd. III. Plattwürmer, Hohlwürmer, Kamptozoen, Schnurwürmer, Ringelwürmer, Protracheaten, Bärtierchen und Zungenwürmer.
Bd. IV. 1. Gliederfüßler: Krebse.
Bd. IV. 2. Gliederfüßler: Trilobitomorphen, Fühlerlose und Tracheenatmer: Tausendfüßler.
Bd. IV. 3. Gliederfüßler: Insekten.
Bd. V. Weichtiere.
Bd. VI. Stachelhäuter, Tentakulaten, Binnenatmer und Pfeilwürmer.
Bd. VII. 1. Chordatiere: Manteltiere, Schädellose, Rundmäuler.
Bd. VII. 2. Chordatiere: Fische.
Bd. VII. 3. Chordatiere: Lurche.
Bd. VII. 4. Chordatiere: Kriechtiere.
Bd. VII. 5. Chordatiere: Vögel.
Bd. VII. 6. Chordatiere: Säugetiere.

STÄMME DES TIERREICHES

1. Urtiere *(Protozoa)*
2. Schwämme *(Spongia)*
3. Hohltiere *(Coelenterata)*
4. Plattwürmer *(Plathelminthes)*
5. Hohlwürmer *(Aschelminthes)*
6. Schnurwürmer *(Nemertini)*
7. Kamptozoen *(Kamptozoa, Entoprocta)*
8. Ringelwürmer *(Annelida)*
9. Protracheaten *(Protracheata, Onychophora)*
10. Bärtierchen *(Tardigrada)*
11. Zungenwürmer *(Linguatulida)*
12. Gliederfüßler *(Arthropoda)*
13. Weichtiere *(Mollusca)*
14. Stachelhäuter *(Echinodermata)*
15. Tentakulaten *(Tentaculata)*: Armfüßler *(Brachyopoda)* und Moostierchen *(Bryozoa)*
16. Binnenatmer *(Enteropneusta)*
17. Pfeilwürmer *(Chaetognatha)*
18. Chordatiere *(Chordata)*

INHALT
von Bd. V

I. Einzeller: 1. Stamm 1—13 s. S. 4 Urtiere *(Protozoa)*.
II. Vielzeller *(Metazoa)*: 2. Schwämme *(Spongia)*,
3. Hohltiere *(Coelenterata)*,
4. 4.—8. Stamm Würmer *(Vermes)*,
5. Protracheaten *(Protracheata)*,
6. Bärtierchen *(Tardigrada)*,
7. Zungenwürmer *(Linguatulida)*,
8. Gliederfüßler *(Arthropoda)*,
13. Weichtiere *(Mollusca)*.

13. STAMM: WEICHTIERE *(Mollusca)*

I. ALLGEMEINER TEIL

Die Mollusken sind unsegmentierte, massig gebaute Protostomier mit einer dauernd oder nur in der Entwicklung vorhandenen Schale und meist mit muskulösem Fuß. Die ursprüngliche Symmetrie ihres Baues kann verlorengehen. Das Nervensystem ist meist gangliös mit einer Visceralkommissur. Nieren und Perikard sind fast stets verbunden.

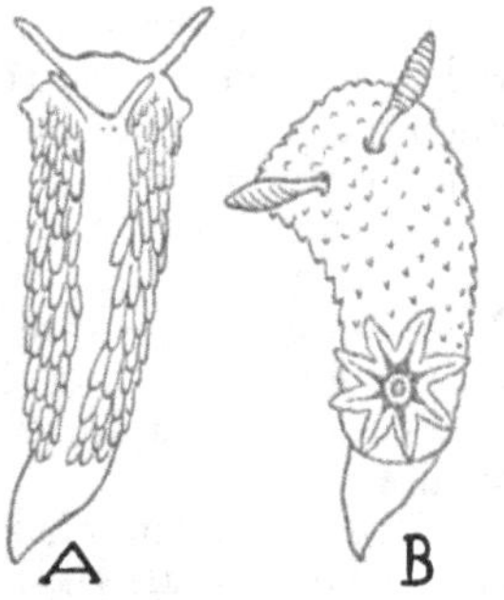

Abb. 1. Zwei Typen mariner Nacktschnecken. *A Aeolidia papillosa; B Acanthodoris pilosa* (aus Buchner nach Bronn).

Als an Artenzahl (128500)[1] zweitgrößte Gruppe der Tiere zeigen die Weichtiere eine so große Plastizität ihrer Form, daß es in manchen Fällen schwer ist, sie zu erkennen. Nicht immer sind alle typischen Körperteile vorhanden. Es kann der Kopf fehlen (Muscheln, *Bivalvia*), der Fuß bei festsitzenden Formen, die

[1]) Die Artenzahl dürfte sich bei einer Prüfung nach modernen Gesichtspunkten sehr erheblich verringern.

Schale bei vielen Schnecken (Gastropoden) und Kopffüßern (Cephalopoden). Selbst die für die Mollusken bezeichnende Radula ist nicht immer vorhanden. Der Hinterkiemer *Rhodope veranyi*, ohne Fuß, ohne Kiefer und Radula, ohne Leber und Herz, galt als Strudelwurm. Andererseits wurden Insektenlarven für Nacktschnecken gehalten und Gehäuse von Trichopterenlarven für Schnecken, Wurmröhren für *Dentalium*.

Für ihre Abstammung von Würmern sprechen der Furchungstyp (Spiralfurchung) und die Larvenform (Trochophora), die sie mit ihnen gemeinsam haben. Entstanden sind sie vermutlich im Meereslitoral, ihre ältesten Formen erscheinen im Kambrium. An dem ursprünglich bilateralsymmetrischen Körper lassen sich Kopf, Fuß und Eingeweidesack mit einer dorsal von ihm ausgehenden Hautfalte, dem Mantel, unterscheiden, der die Schale bildet. Da sie das bezeichnendste Merkmal der Weichtiere ist, soll mit ihrer Schilderung begonnen werden.

1. Körperdecke und ihre Sonderbildungen

Die in den einzelnen Gruppen sehr verschieden geformte Schale ist für die Systematik von großem Wert, wenn auch die Einteilung auf der Morphologie und Anatomie der Weichteile beruht. Sie dient zum Schutz gegen die schädlichen und feindlichen Einflüsse der unbelebten und belebten Umwelt, zugleich aber auch zum Ansatz der Muskeln. Somit entspricht sie einem äußeren Skelett; ein inneres findet sich nur als Knorpelkapsel um das Zentralnervensystem der Kopffüßer (Cephalopoden). Die Schale wird außer bei den Käferschnecken einheitlich angelegt, bei den Muscheln bleibt dorsal ein schwach verkalkter elastischer Teil als Band (Ligament) erhalten, so daß die zweiklappige Schale geöffnet und geschlossen werden kann. Nur die Käferschnecke *Schizoplax brandtii* hat ein horniges Band in der Mitte der Schalenstücke. Häufig sind die Schalen spiralig gewunden, besonders bei Schnecken (Gastropoden), bei freischwimmenden Formen aber meist

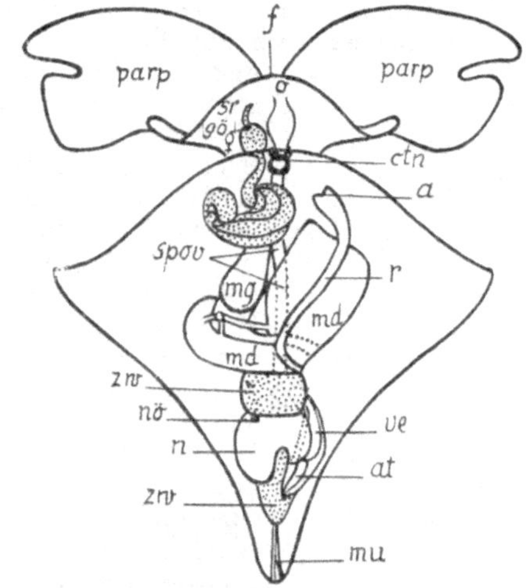

Abb. 2. Anatomie eines beschalten Pteropoden *(Clio)*. (Aus Hoffmann nach Meisenheimer.) — *ctn* Zentralnervensystem; *o* Mund; *mg* Magen; *md* Mitteldarmdrüse; *r* Enddarm; *a* After; *f* Fuß (Mittellappen); *parp* Parapodium; *mu* Muskeln; *at* Herzvorhof; *ve* Herzkammer; *n* Niere; *nö* Nierenöffnung; *zw* Zwitterdrüse; *spov* Spermovidukt; ♀ *gö* weibliche Geschlechtsöffnung; *sr* Samenrinne.

symmetrisch und dünn. (Beschalte Flügelschnecken [Pteropoden], *Carinaria.*) Die Molluskenschale besteht aus 2 bis 3 bzw. 4 Schichten bei solchen Formen, die in der Kalkschale selbst, nicht nur in der obersten Schicht, Farbstoffe enthalten. Die letztere, das Periostracum, ist aus einer chitinähnlichen, häutigen Substanz (Conchin) gebildet und soll die eigentliche Kalkschale vor chemischen Einflüssen schützen. Unter ihr liegt bei Formen mit Pigment in der Kalkschale

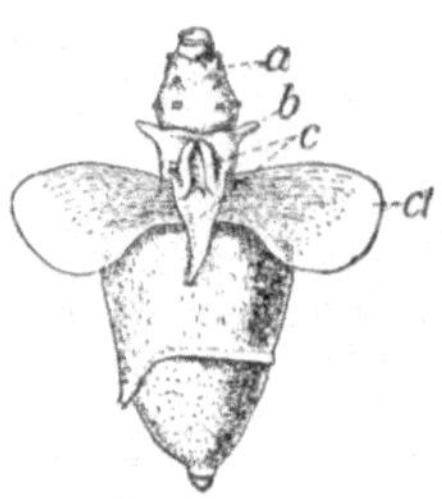

Abb. 3. *Dexiobranchaea*, nach Pelseneer (Aus Böhmig). — *a* Rüssel mit Saugnäpfen; *b* Tentakel; *c* Fuß; *cl* Flosse (Parapodium).

die Pigmentkalkschicht ohne besondere Struktur, unter ihr das Ostracum, aus senkrecht zur Oberfläche stehenden und aus Kalkprismen bestehenden Balken gebildet; die innerste und letzte Schicht ist das Hypostracum mit parallel zur Fläche liegenden irisierenden Blättern (Perlmutterschicht). Es findet sich bei manchen Muscheln, primitiven Vorderkiemern und *Nautilus*, fehlt aber vielen Muscheln und den meisten Schnecken. Ihre Schale besteht in der Regel aus dem Periostracum und einem Ostracum (Porzellanschicht), dessen einzelne Schichten aus sich fast unter rechtem Winkel kreuzenden Platten von zu Bälkchen verbundenen Kalkfibrillen entstanden sind. Einige Muscheln, z. B. *Ostrea* und *Pecten*, haben unter der Conchinschicht ein Kalzitostracum. Abweichend ist die Schale der Käferschnecken, da sie aus 8 Platten besteht und sich zwischen Ostracum und der dem Hypostracum entsprechenden Schicht als besondere Bildung das Articulamentum zum Ansatz von Muskeln einschiebt. Außerdem ist die Schale von Epithelfortsätzen durchbohrt. Solche finden sich sonst nur bei den Muscheln der Familie *Sphaeriidae*. Die Bildung der Schale wird im Zu-

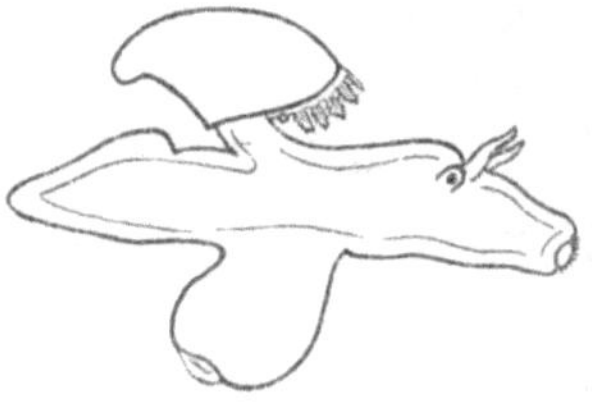

Abb. 4. *Carinaria*, ein beschalter Heteropode (nach Lang-Hescheler).

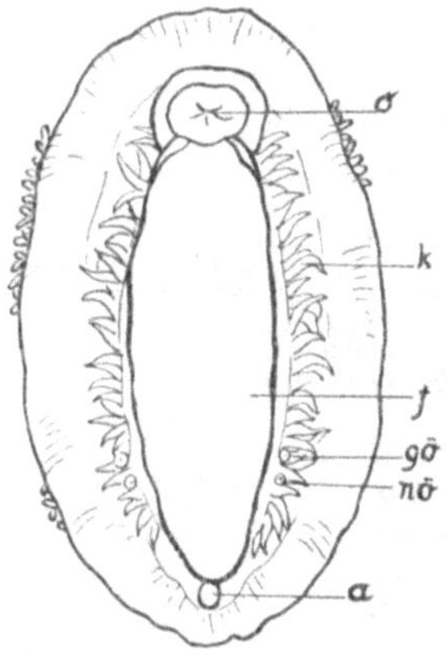

Abb. 5. Unterseite einer Käferschnecke (*Acanthopleura*). — *o* Mund; *a* After; *f* Fuß; *k* Kiemen; *gö*, *nö* Gonaden- bzw. Nierenöffnung. Am Rand der Zeichnung Stacheln des Perinotum.

sammenhang mit dem Mantel besprochen. Mineralogisch besteht sie aus Kalzit oder Aragonit, chemisch zu 95 bis 98% aus $CaCO_3$, geringen Mengen von $MgCO_3$ und Silikaten und Phosphaten, von organischer Substanz etwa 1,5% Conchin.

Die Körperoberfläche wird von einer weichen Haut bedeckt, die aus einem einschichtigen, oft flimmernden Epithel mit zahlreichen Drüsen- und Sinneszellen und dem unter ihr liegenden Bindegewebe zusammengesetzt ist. Nur bei den *Amphineura* ist im Gegensatz dazu eine Kutikula mit eingelagerten Kalkkörperchen vorhanden. Der Mantel (Pallium) ist eine vom Rücken ausgehende, mehr oder weniger ausgedehnte, einfache oder doppelte *(Bivalvia)* Hautfalte, die die Schale bildet. Die engen Beziehungen zwischen Mantel und Schale zeigen sich vor allem deutlich bei den Muscheln (Mantel und Schale doppelt) und den Röhrenschalern *(Scaphopoda)* (Mantel und Schale röhrenförmig), aber auch bei primitiven Gastropoden, bei denen einem Mantelschlitz ein solcher in der Schale entspricht *(Pleurotomaria)*, oder einer dorsalen Öffnung des Mantels auch eine Öffnung der Schale *(Fissurella)*. Viele hochorganisierte Vorderkiemer (Prosobranchia) haben einen röhrenförmig verlängerten Mantelfortsatz (Sipho) zur Aufnahme des Atemwassers, die gleiche Bildung findet sich an der Schale (sog. siphonostome Formen, z.B. *Murex*). Schalen ohne Sipho heißen holostom. Zwischen Mantel und Eingeweidesack liegt die Mantelhöhle, die den Pallialkomplex enthält; zu ihm gehören die Kiemen, die Geruchsorgane (Osphradien) bei Wassermollusken, die Öffnungen des Enddarms, der Nieren und Gonaden. Die *Amphineura*, bei denen eine Schale fehlt oder dem Körper fest aufliegt, haben keinen echten Mantel.

Der Mantel hat an seinem Außenrand meist einen Wulst und hinter ihm eine Furche mit Drüsenzellen, die Mantelfurche, in der das Periostracum abgeschieden wird. Hinter ihr befindet sich ein Drüsenpolster, das die Kalkpigmentschicht bildet. An dieses schließt sich eine Zone des Mantelepithels, die das Material für das Ostracum liefert. Die übrige Manteloberfläche scheidet das Hypostracum ab. Das Flächenwachstum der Schale erfolgt also nur am Rande, das Dickenwachstum an der Oberfläche des Mantels. Der Vorgang selbst ist noch nicht völlig geklärt; in das zuerst dünne Conchinhäutchen werden Sphärite von Calciumphosphat, dann von Calciumcarbonat eingelagert, die sich zu Stäbchenlamellen anordnen. In den einzelnen Schichten liegen sie in sich abwechselnd rechtwinklig kreuzenden Lagen. In verschiedenen Gruppen der Weichtiere schlägt sich der Mantelrand über die Schale und schließt sie mehr oder weniger ein. Bei diesem Vorgang verliert sie ihre Schutzfunktion und wird reduziert oder geht ganz verloren. Während von Vorderkiemern (Prosobranchiern) nur *Titiscania* in der Tiefsee, *Pterotrachea*, und parasitierende Formen schalenlos sind, finden sich Schnecken mit sehr verkleinerter Schale (Halbnacktschnecken, z. B. *Testacella*) und Nacktschnecken in erheblicher Zahl bei Lungenschnecken und Hinterkiemern. Landnacktschnecken sind naturgemäß wegen der grö-

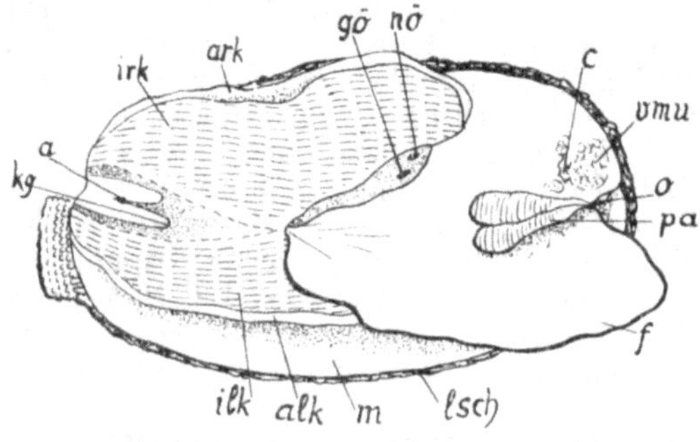

Abb. 6. *Anodonta*, rechte Schale und Mantelhälfte entfernt. (Nach Hatschek-Cori aus Wesenberg-Lund.) — *o* Mund; *pa* Palpen; *c* Cerebralganglion; *vmu* Vorderer Schließmuskel; *lsch* linke Schale; *m* Mantel; *alk* äußeres Blatt der linken Kieme; *ilk* inneres Blatt der linken Kieme, *ark*, *irk* äußeres bzw. inneres Blatt der rechten Kieme; *nö* Nierenöffnung; *gö* Geschlechtsöffnung; *kg* Kiemengang; *a* After; *f* Fuß.

ßeren Gefahr des Austrocknens an feuchtes Klima gebunden, können sich aber in Erd- und Rindenspalten besser schützen als schalentragende Schnecken. Auch bei Kopffüßern (Cephalopoden) findet sich bei allen lebenden Arten außer *Nautilus* die Überwachsung der Schale durch den Mantel.

Im Zusammenhang mit dem Mantel sei auch kurz die Bildung der Perlen besprochen. Sie können aus einer, mehreren oder allen Schalenschichten in verschiedener Weise zusammengesetzt sein und finden sich nicht nur bei der Flußperlmuschel *(Margaritana margaritifera)* und der Seeperlmuschel *(Pteria)*, sondern auch bei vielen anderen Muschelarten und auch bei Schnecken. Sie entstehen durch Einwanderung oder Verlagerung von Epithelzellen des Mantels in diesen selbst, sei es infolge einer Verletzung oder durch den von einem eindringenden Parasiten geschaffenen Kanal. Diese Epithelzellen vermehren sich und bilden den sog. Perlsack. Da nun bei Versuchen über Schalenregeneration bei Muscheln festgestellt werden konnte, daß das Epithel der Manteloberfläche alle Schichten der Schale bilden kann, ist im Perlsack die Bildung einer Perle möglich. Fremdkörper, wie Sandkörnchen, Milbeneier, Trematodenlarven sind nicht die eigentliche Ursache, sondern schaffen nur den Weg für die Einwanderung der Epithelzellen und lösen den Reiz zur Perlbildung aus. Deshalb enthalten auch nicht alle Perlen einen Kern. Im Mantel gebildete Perlen (Mantelperlen) können sich gleichmäßig und frei entwickeln, während an der Außenfläche des Mantels entstehende mit der Schale verwachsen (Schalenperlen). Die künstliche Erzeugung echter Perlen ist durch die Verfahren von Alverdes und Mikimoto möglich.

2. Muskulatur, Bewegung

Die Muskeln der Weichtiere bestehen zwar meist aus glatten Muskelfasern, doch finden sich auch quergestreifte, z. B. im Schlundkopf mancher Schnecken und bei schwimmenden Muscheln. Der Fuß ist muskulös, bei festsitzenden Formen (z. B. *Vermetus*, *Ostrea*) reduziert. Vorderkiemer haben bisweilen eine Mittelfurche und bewegen abwechselnd eine Hälfte des Fußes vor die andere. Bei den Landlungenschnecken sieht man bei ihrer gleitenden Bewegung von hinten nach vorn verlaufende Wellen der Fußsohle, die durch fortschreitende Kontraktionen der Längsmuskeln entstehen; den Wellentälern entsprechen Zusammenziehungen der Quermuskeln. So wird der Vorderteil des Fußes gestreckt und jeder folgende Teil etwas nachgezogen. Durch Blutstauung wird bei der Bewegung der Fuß in Schwellung versetzt. Die unterhalb des Kopfes liegende vordere Fußdrüse liefert den Schleim, auf dem das Gleiten erfolgt. Gut entwickelt sind die an der Spindel der Schale entspringenden und in den Fuß und Kopf einstrahlenden Retraktormuskeln zum Zurückziehen des Tieres in die Schale, der Tentakel und des Schlundkopfes. Bei den Muscheln sind außer den Schließmuskeln Vor- und Rückzieher des Fußes vorhanden, bei den Kopffüßern entsprechen dem Fuß der muskulöse und mit Hilfsmuskeln versehene Trichter (Infundibulum) und die Arme. Die Bewegung erfolgt durch das kräftige Ausstoßen des bei der Atmung in die Mantelhöhle einströmenden Wassers durch den Trichter. Durch seine Beweglichkeit kann er nach hinten gerichtet und dadurch die gewöhnliche

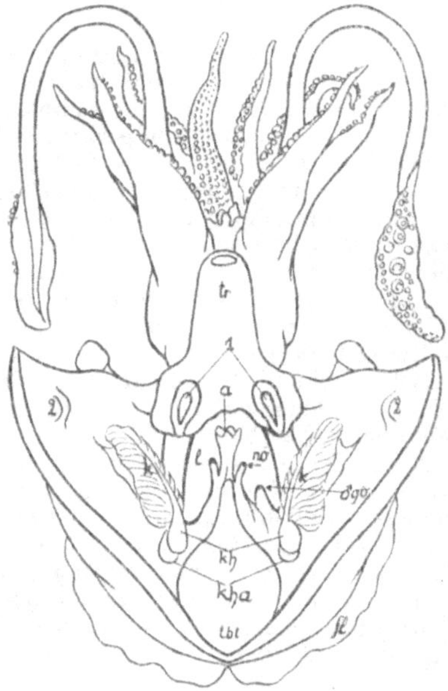

Abb. 7. *Sepia*, Mantelhöhle geöffnet (aus Brehms Tierleben). — *tr* Trichter; *1* und *2* Mantelschließapparat; *a* After; *l* Leber; *nö* Nierenöffnung; *gö* ♂ männliche Geschlechtsöffnung; *k* Kiemen; *kh* Kiemenherzen; *kha* Kiemenherzanhänge; *tbt* Tintenbeutel; *fl* Mantelflosse.

Bewegungsrichtung mit dem Hinterende voran umgekehrt werden.

3. Sinnesorgane, Nervensystem

Wie bei anderen Tieren sind die Sinnesorgane der Weichtiere an dem bei der Bewegung nach vorn gerichteten Kopf am besten entwickelt. Es mag damit zusammenhängen, daß bei den Chitonen, deren Schale den Kopf bedeckt, Kopfaugen und Tentakel fehlen. Auch bei den Muscheln, bei denen nur der Fuß und Teile des Mantels außerhalb der Schale sind und ein eigentlicher Kopf fehlt *(Acephala)*, sind Sinnesorgane wenig entwickelt.

Nur bei den *Amphineura* fehlen Organe des statischen Sinnes. Sie liegen sonst als Statocysten am Pedalganglion, werden aber stets vom Cerebralganglion versorgt. Es sind mit einem „Steinchen" (Statolithen) oder vielen kleinen Statokonien ver-

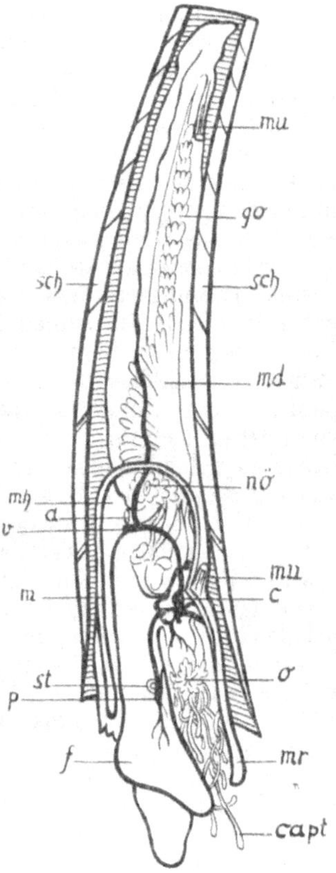

Abb. 8. Anatomie von *Dentalium*, Mantel vorn zum Teil entfernt (nach Thiele). — *sch* Schale; *m* Mantel; *mh* Mantelhöhle; *mr* Mantelrand; *f* Fuß; *mu* Muskel; *capt* Captacula; *o* Mund; *a* After; *md* Mitteldarmdrüse; *nö* Nierenöffnung; *go* Gonade; *c* Cerebral-, *p* Pedal-, *v* Visceralganglion; *st* Statozyste.

sehene Bläschen mit Sinnesepithel, bei manchen Muscheln (z. B. *Nucula, Mytilus*) stehen sie mit der Außenwelt durch einen Kanal in Verbindung und enthalten Sandkörnchen. Besonders gut entwickelt sind sie bei den schwimmenden Kielschnecken (Heteropoden) und Cephalopoden, die mehrere Maculae und Cristae staticae besitzen.

Wahrnehmung von Tönen fehlt den Weichtieren.

Organe des chemischen Sinnes (Aufspüren der Nahrung, Prüfung des Atemwassers) sind bei Wassermollusken die Osphradien, im einfachsten Fall Epithelleisten der Mantelhöhle, bei hochentwickelten Vorderkiemern kiemenähnliche Gebilde neben der Kieme. Während bei *Nautilus* noch jeder Kieme ein Osphradium entspricht, werden hinter den Augen der *Dibranchia* befindliche Gruben oder Fortsätze als Geruchsorgane gedeutet. Fast alle Hinterkiemer haben als zweites Fühlerpaar Rhinophoren, die als chemische Sinnesorgane betrachtet werden. Sie sind meist gefaltet und oft in Gruben zurückziehbar. Ein unter der Radula liegendes, dem Geschmackssinn dienendes Subradularorgan haben die *Amphineura*, Scaphopoden und Cephalopoden. Bei den landbewohnenden Lungenschnekken dürften sich diffus verteilte Chemorezeptoren in der Umgebung des Mundes (Mundlappen), der Tentakel und am Vorderrand des Fußes befinden. Der Tastsinn hat seinen Sitz vor allem in den Tentakeln der Schnecken, den Fangarmen der Kopffüßer, in Tastern am Mantelrand sowie in Papillen an den Siphonen der Muscheln.

Die den Chitonen eigenen Sinnesorgane (Aestheten und Schalenaugen) werden im speziellen Teil besprochen. Lichtempfindlichkeit der Haut (Photodermatie) zeigt sich wie bei manchen anderen Metazoen auch bei Muscheln und Schnecken. Meist aber sind besondere Lichtsinnesorgane vorhanden. In einfacher Form finden sie sich bei primitiven marinen Gastropoden, z. B. *Patella*, als Napf- oder Grubenaugen; das Sinnesepithel (Retina) kleidet eine mehr oder weniger tiefe Grube aus, die mit Sekret zum Schutz der Sehzellen und durch seine lichtbrechende

Eigenschaft zur Erhöhung der Funktion ausgefüllt ist. Es wird von besonderen Zwischenzellen ausgeschieden. Bei *Haliotis* ist die Grube tief und fast geschlossen. Grubenaugen haben auch die Muscheln *Arca* und *Lima*. Als nächsthöhere Form entsteht das Blasenauge (Abb. 10) (bei fast allen Schnecken und am Mantelrand mancher Muscheln, z. B. *Pecten* und *Spondylus*). Bei ihm verschließt eine durchsichtige Cornea die Augengrube völlig. In ihr bildet sich meist aus der Sekretmasse eine stark lichtbrechende Linse. *Nautilus* hat ein tiefes Grubenauge ohne Sekret (Camera obscura – Auge) (Abbildg. 9). Dieses Stadium machen auch die Augen der *Dibranchia* in ihrer Entwicklung durch, bilden sich aber dann zu funktionell hochwertigen Organen um. Den Augen der Wirbeltiere sehr ähnlich haben sie aber

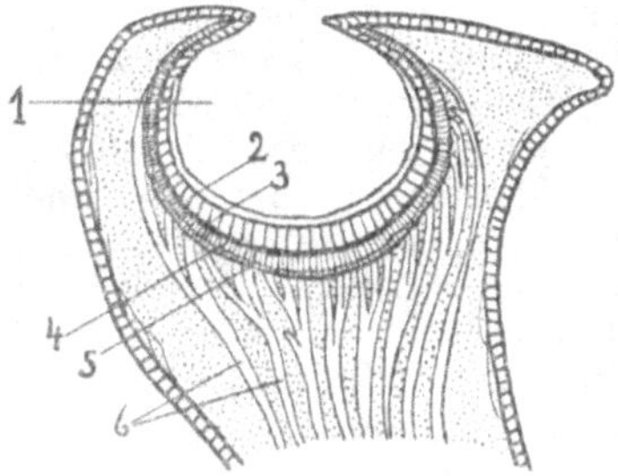

Abb. 9. Schnitt durch das Auge von *Nautilus* (nach Lang-Hescheler). — *1* Augenhöhle; *2* Stäbchenschicht; *3* Pigmentschicht; *4* Sehzellenschicht; *5* Ganglienzellenschicht; *6* Äste des Sehnerven.

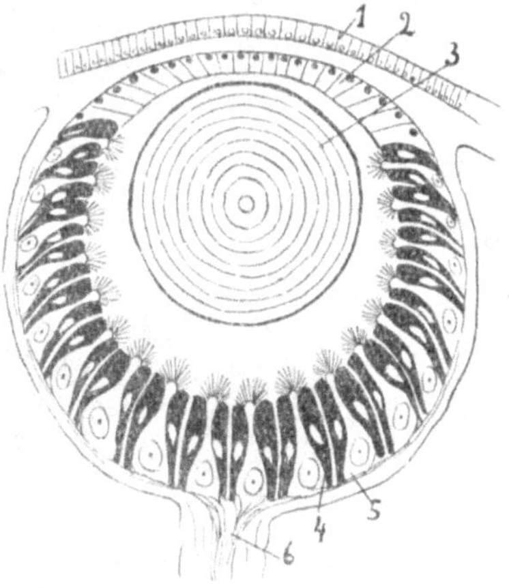

Abb. 10. Linsenauge von *Helix* (nach Hesse-Doflein). — *1* Hornhaut; *2* äußeres Epithel der Augenblase; *3* Linse; *4* Pigmentzelle; *5* Sehzelle; *6* Sehnerv.

eine ganz verschiedene Entstehung. Die Linse ist durch ihre Bildung vom äußeren und inneren Corpus ciliare aus zwei Teilen zusammengesetzt, die Cornea wie bei Wirbeltieren ektodermaler Herkunft, ebenso die everse Retina, die bei den Wirbeltieren aus einer Ausstülpung eines Teils der Gehirnwand entsteht und daher invers ist. Weitere Einrichtungen sind bei den zweikiemigen Tintenfischen ein Glaskörper, eine Iris, eine sekundäre Cornea, und bei Octopoden Augenlider. Bei den Myopsiden ist die sekundäre Cornea fast oder ganz geschlossen, bei den Oegopsiden mehr oder weniger offen, doch ist diese Trennung nicht scharf. Die Augen der Tintenfische sind beweglich, die Akkommodation erfolgt durch Muskeln. Neben den Augen liegen noch sehr große Sehganglien.

Die Augen der pelagischen karnivoren Kielschnecken sind gleichfalls gut entwickelt. Die Linse ist sehr groß, die Augenkammer verlängert und mit einem seitlichen „Fenster" versehen, durch das Licht auf an der gegenüberliegenden Augenwand befindliche Sehzellen fällt. Blasenaugen mit inversen Stäbchen der Netzhaut haben viele *Oncidiidae*, an tropischen Küsten lebende Lungenschnek-

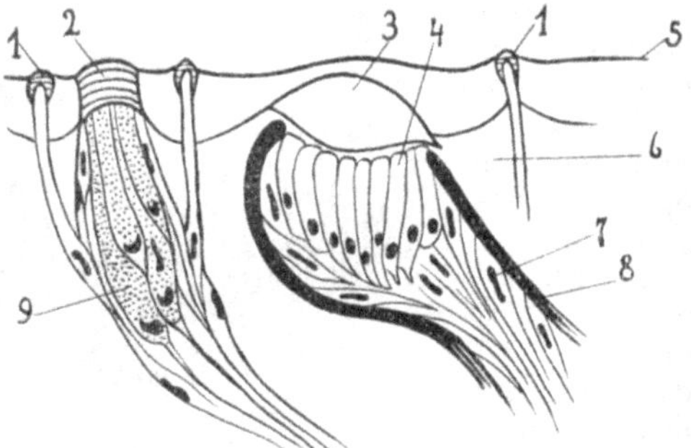

Abb. 11. Aestheten und Schalenauge eines Chiton (nach Plate aus Lang-Hescheler). — *1* Chitinkappe eines Mikroaestheten; *2* Chitinkappe eines Hauptaestheten; *3* Linse; *4* Retina; *5* Periostracum; *6* Tegmentum; *7* Pigmentzelle; *8* Pigment; *9* Drüsenzelle.

ken, auf den Rückenpapillen zusammen mit Tentakelaugen. Aus Ommatidien bestehende, den Augen der Arthropoden ähnliche Lichtsinnesorgane haben die Muscheln *Arca* und *Glycymeris* am Mantelrand; becherförmige, dem Kopfauge entsprechende Sinnesorgane am Grunde des vordersten Fadens des inneren Kiemenblattes finden sich bei manchen *Arca*-Arten, bei Mytiliden, Aviculiden. Es entbehren also keineswegs alle Muscheln besondere optische Organe, dagegen sind die Scaphopoden ohne solche. Verlust der Augen kommt bei in Höhlen, in der Tiefsee und in Holz und Steinen lebenden Arten verschiedener Gruppen vor. Außer bei den *Dibranchia*, die sicher die Fähigkeit zum Bildsehen haben, dürften nur Helligkeitsunterschiede wahrgenommen werden. Bei Lungenschnecken ist jedenfalls der Gesichtssinn sehr schwach, die Sehweite beträgt wohl nur wenige Millimeter.

Leuchtorgane finden sich bei dem pelagisch lebenden Hinterkiemer *Phyllirrhoe*, der Muschel *Pholas*[1]), und vor allem bei einer Anzahl Decapoden. Bei den ersten drei handelt es sich um Drüsen, die ein leuchtendes Sekret absondern. Leuchtdrüsen haben auch zwei Unterfamilien der myopsiden *Sepiolidae*. Bei den mit Leuchtvermögen ausgestatteten Formen der Oegopsiden sind Leuchtorgane vorhanden, die sehr verschieden gebaut sein können und wohl stets Eigenlicht ohne Hilfe von Bakterien erzeugen. Sie enthalten einen Leuchtkörper, meist auch einen Pigmentmantel mit einem ihm innen anliegenden Tapetum von das Licht zurückwerfenden Zellen, ferner einen Reflektor, eine Linse und eine sie nach außen schützende Cornea. Sie können in großer Zahl auf der Haut und in der Umgebung der Augen stehen. Die bei *Lycoteuthis diadema* vorhandenen, in roter, blauer und weißer Farbe leuchtenden 22 Leuchtorgane sind nach 10 verschiedenen Systemen gebaut. Bei *Heteroteuthis* und bei den leuchtenden Myopsiden (z. B. *Sepiolina*, *Sepietta*, *Loligo*, *Sepia*) handelt es sich um eine Symbiose mit Leuchtbakterien, die im Meere sehr häufig sind. Die sog. akzessorischen Nidamentaldrüsen sind der Sitz der Leuchtbakterien. Wahrscheinlich beruht das Phosphoreszieren der marinen Nacktschnecke *Tethys* auf dem gleichen Vorgang wie diese Erscheinung bei toten, leuchtenden Seetieren.

---

[1]) bei der Süßwasser-Pulmonate *Latia*.

Im Nervensystem zeigt sich ein erheblicher Unterschied zwischen den beiden Unterstämmen der Mollusken. Bei den *Amphineura* ist eine scharfe Trennung von Ganglienzellen und Nervenfasern noch nicht vorhanden, sie ist sogar bei den *Solenogastres* stärker ausgeprägt als bei den sonst höher organisierten Chitonen. Ein ganglöser Ring umgibt den Vorderarm, von dem zwei Konnektive (Längsverbindungen) zu den paarigen, durch eine Kommissur (Querverbindung) verbundenen Buccalganglien ziehen, die den Schlundkopf versorgen und einen Buccalring bilden. Der Schlundring innerviert bei den Wurmmollusken (Solenogastren) das Atrium; s. S. 62, bei den Chitonen die Mundöffnung, Teile des Kopfes und des Perinotums; s. S. 63. Von den seitlichen Teilen des Schlundringes gehen vier gangliöse Längsstämme ab, zwei seitliche Pleurovisceral- oder Lateralstränge, und zwei mediale oder Pedalstränge, erstere vereinigen sich hinten über dem Darm, alle vier Stränge sind durch Kommissuren verbunden. Die Lateralstränge versorgen die Körperseiten und die Eingeweide, die Pedalstränge den Fuß. Die Chitonen haben außerdem noch zwei Subradularganglien für dieses Organ (Abb. 12).

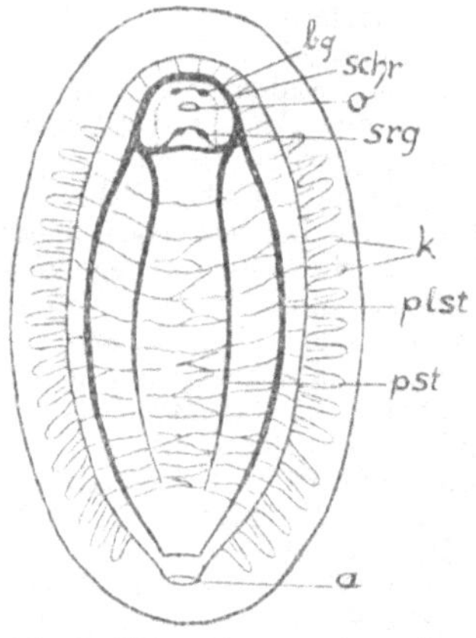

Abb. 12. Chiton, Nervensystem, schematisch. — *schr* Schlundring; *bg* Buccalganglien; *srg* Subradularganglien; *plst* Pleurovisceral-, *pst* Pedalstränge; *k* Kiemen; *a* After; *o* Mund. (Aus Böhmig).

Das Nervensystem des Fußes mancher, vor allem primitiver Vorderkiemer (z. B. der meisten Archaeogastropoden und einiger Familien von Taenioglossen) zeigt noch Anklänge an das der Chitonen durch das Vorhandensein von zwei langen, aus Nervenzellen und

-fasern gebildeten Marksträngen mit strickleiterförmigen Kommissuren.

Für alle *Conchifera* ist bezeichnend die Visceralschlinge mit mehreren Ganglien[1]) an Stelle der Pleurovisceralstränge und die Vereinigung der Nervenzellen zu Ganglien (Cerebral-, Pleural- und Pedalganglien).

Zum Verständnis des Nervensystems ist die Schilderung der hypothetischen Urform, der *Urconchifere* nötig, die folgenden Bau besessen haben mag: Der bilateral-symmetrische Körper hatte vorn einen Kopf mit einem Paar Tentakeln und Augen, einen Kriechfuß und einen Eingeweidesack mit Mantel, der eine hinten-dorsal gelegene Mantelhöhle umschloß (Abb. 13 A). In ihr lag in der Mittellinie der After, zu seinen beiden Seiten die paarigen Kammkiemen, aus denen das arteriell gewordene Blut den paarigen Vorkammern des in der Mittellinie dorsal gelegenen Herzens zugeführt wurde. Gleichfalls in der Mantelhöhle lagen die paarigen Mündungen der mit dem Herzbeutel verbundenen Nieren und der Gonaden. Zum Pallialkomplex gehörten also After, Kiemen, Nieren- und Gonadenöffnungen. Die einheitliche Schale dürfte napfförmig und bilateral symmetrisch gewesen sein. Das Nervensystem bildete einen Schlundring mit zwei dorsal gelegenen und durch die Cerebralkommissur verbundenen Cerebralganglien, zwei ventral liegenden und durch die Pedalkommissur verbundenen Pedalganglien, die mit den Cerebralganglien durch die Cerebro-Pedal-Konnektive zusammenhingen. Dazu kamen zwei Pleuralganglien, die nicht verbunden waren, aber durch je ein Cerebro-Pleural-Konnektiv und Pleuropedalkonnektiv mit den zuerst genannten Ganglien verknüpft waren. Von den Pedalganglien gingen in den Fuß die mit Kommissuren versehenen Pedalstränge, von den Pleuralganglien ging in die Eingeweide die Visceralschlinge mit mehreren Ganglien. Von diesen lag das Visceralganglion unter dem Enddarm am Ende der Schlinge,

[1]) 1 Visceral- (Abdominalganglion) und 2 eingeschaltete Ganglien (Parietalganglien).

in die zwischen ihm und den Pleuralganglien je ein Parietalganglion eingeschaltet war.

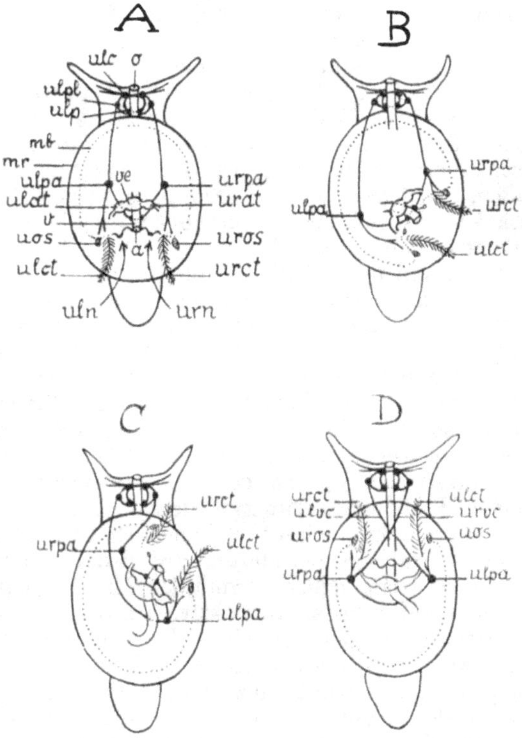

Abb. 13. Schemata zur Erläuterung der Organverschiebung bei den Gastropoden (nach Lang). — *A* hypothetische Ausgangsform; *D* Prosobranchier, *o* Mund; *a* After; *mb* Mantelbasis; *mr* Mantelrand; *ve* Herzkammer; *ulat*, *urat* ursprünglich linke und ursprünglich rechte Vorkammer; *ulc*, *ulpl*, *ulp* ursprünglich linkes Cerebral-, Pleural- und Pedalganglion, *ulpa*, *urpa* ursprünglich linkes und ursprünglich rechtes Parietalganglion; *ulvc*, *urvc* ursprünglich linkes und ursprünglich rechtes Viseralkonnektiv; *uos*, *uros* ursprünglich linkes und ursprünglich rechtes Osphradium; *v* Visceralganglion; *uln*, *urn* ursprünglich linke und ursprünglich rechte Nierenöffnung.

Die wesentlichen Züge dieser Urconchifere finden sich im Bauplan der Muscheln und Kopffüßer wieder. Aus ihm kann die Entstehung der Gastropoden, deren wesentliches Merkmal die Asymmetrie ist, durch die Drehung des ursprünglich hinten liegenden Pallialkomplexes um 180° nach vorn erklärt werden (Torsionstheorie) (Abb. 13). Zu dieser phylogenetischen Annahme berechtigt die Tatsache, daß in der Ontogenie sich die Drehung des Eingeweidesackes mit der Mantelbucht, d.h. der Anlage der Mantelhöhle, nach rechts und weiter nach vorn beobachten läßt. Das Ergebnis dieser mit der spiraligen Einrollung des Eingeweidesackes und der Schale verbundenen Verlagerung der Mantelhöhle ist also die Lage des Afters vorn[1]), eine U-förmige Krümmung des Darmes, die Lage der Kiemen, deren freies Ende nun nach vorn zeigt, vor dem Herzen, und vor allem die Kreuzung der Schenkel der Visceralschlinge, die die Form einer 8 annimmt. Dadurch kommt das ursprünglich rechte Parietalganglion nach links über den Darm zu liegen (Supraintestinalganglion) das linke Parietalganglion nach rechts unter den Darm (Subintestinalganglion). Diese Kreuzung der Visceralschlinge heißt Streptoneurie oder Chiastoneurie, die Schnecken mit dieser Kreuzung sind chiastoneure, die ohne sie euthyneure (orthoneure) Schnecken (Abb. 14 bis 16).

Die ursprünglich rechts gelegenen Organe liegen nun nach der Torsion links und umgekehrt. Die Asymmetrie macht sich in der Verkleinerung bzw. dem Verlust der rechten Kieme sowie in der Rückbildung der rechten Niere deutlich bemerkbar.

Unbeeinflußt von der Torsion bleibt aber der Schlundring mit seinen Ganglien. Die eigentlichen Ursachen der Torsion und Asymmetrie sind umstritten, und ihre Diskussion gehört nicht hierher.

Das Nervensystem der chiastoneuren Vorderkiemer besteht also aus einem Schlundring, auf dem dorsal die bei-

[1]) Nach neueren Forschungen entsteht die Asymmetrie unabhängig von der Torsion.

den Cerebralganglien liegen, die durch die Cerebralkommissur verbunden sind, ventral die beiden unter sich durch die Pedalkommissur, mit den Cerebralganglien durch die

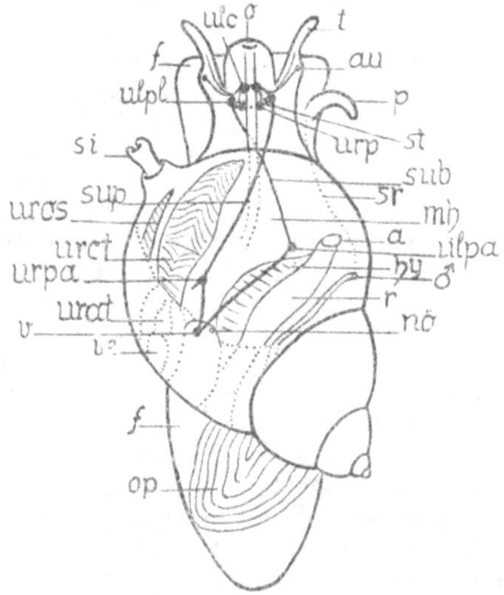

Abb. 14. Schema eines Prosobranchiers aus der Gruppe der Monotocardia (nach Lang-Hescheler). — *o* Mund; *r* Enddarm; *a* After; *t* Tentakel; *f* Fuß; *op* Deckel; *mh* Mantelhöhle; *si* Sipho; *uros* ursprünglich rechtes Osphradium; *urct* ursprünglich rechtes Ctenidium; *urat* ursprünglich rechter Herzvorhof; *ve* Herzkammer; *nö* Nierenöffnung; *hy* Hypobranchialdrüse; ♂ männliche Geschlechtsöffnung; *sr* Samenrinne; *p* Penis; *au* Auge; *ulc*, *ulpl* ursprünglich linkes Cerebral-, ursprünglich linkes Pleuralganglion; *urp* ursprünglich rechtes Pedalganglion; *urpa*, *ulpa* ursprünglich rechtes und linkes Parietalganglion; *sup*, *sub* Supra- und Subintestinalkonnektiv; *v* Visceralganglion; *st* Statozyste.

Cerebro-Pedal-Konnektive verbundenen Pedalganglien, weiter aus den mit den genannten Ganglienpaaren durch die Cerebropleural- und Pleuropedalkonnektive verknüpften Pleuralganglien und der von ihnen ausgehenden Visceralkommissur mit dem links liegenden Supra-, dem rechts liegenden Subintestinalganglien und dem Visceralganglion.

Die Cerebralganglien innervieren den Kopf mit dem Mund, die Tentakel, Augen und Statocysten. Von den Pleuralganglien wird der Mantel und Spindelmuskel ver-

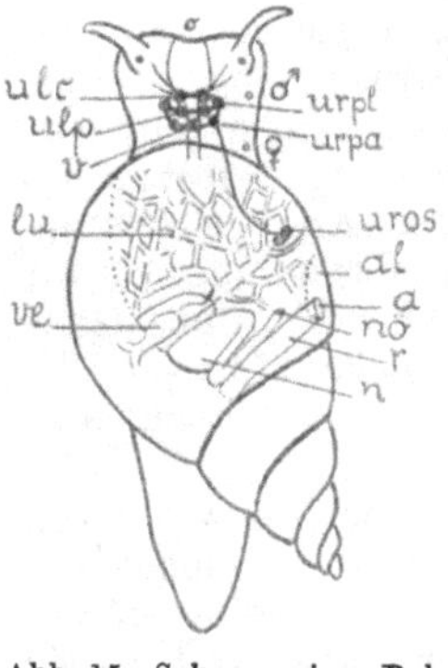

Abb. 15. Schema eines Pulmonaten aus der Gruppe der Basommatophora (nach Lang-Hescheler). — *lu* Lunge; *n* Niere; *al* Atemloch; ♀ weibliche Geschlechtsöffnung; *ulp* ursprünglich linkes Pedalganglion; *urpl* ursprünglich rechtes Pleuralganglion; weitere Abkürzungen wie in Abb. 14.

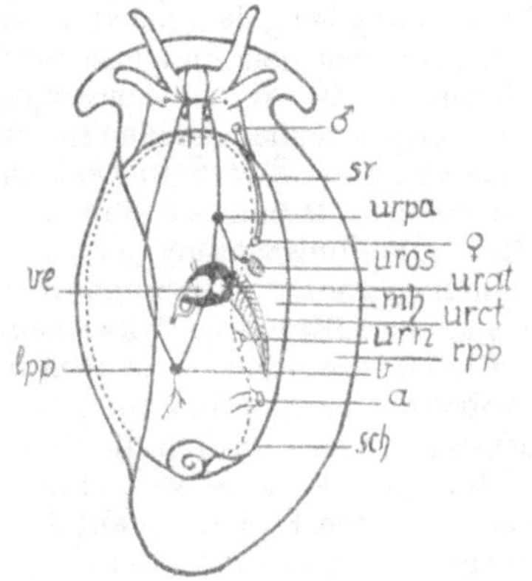

Abb. 16. Schema eines Opisthobranchiers aus der Gruppe der Tectibranchia (nach Lang-Hescheler). — *sch* Schale; *rpp*, *lpp* rechter und linker Parapodiallappen; *mh* Mantelhöhle; *urn* ursprünglich rechte Nierenöffnung; übrige Abkürzungen wie bei Abb. 14 und 15.

sorgt, von den Pedalganglien der Fuß, vom Visceralganglion die Eingeweide. Das Supraintestinalganglion innerviert Kieme und Osphradium. Dazu kommt noch ein Paar mit den Cerebralganglien verbundener Buccalganglien für Schlundkopf und Speiseröhre. Häufig besteht eine direkte Verbindung zwischen dem Pleuralganglion und Parietalganglion derselben Körperseite (Zygoneurie).

Die höher entwickelten Vorderkiemer und die Hinterkiemer zeigen die Neigung, die Visceralkommissur zu verkürzen und die Ganglien um den Schlundring zu konzentrieren; bei letzteren kommt es vermutlich infolge der Verkleinerung der Mantelhöhle zur Detorsion, indem das

Supraintestinalganglion nach rechts rückt und die Drehung der Visceralkommissur aufgehoben wird (Euthyneurie). Die Actaeoniden haben als sehr primitive Hinterkiemer noch eine streptoneure Visceralschlinge. Die Versorgungsgebiete der Ganglien bleiben gleich, von den Pleuralganglien gehen meist keine Nerven mehr ab. Ähnlich ist es bei den Lungenschnecken (Pulmonaten). Bei *Chilina* ist die Nervenkreuzung noch angedeutet, sonst aber umgeben alle Ganglien in symmetrischer Anordnung den Schlund und verschmelzen mehr oder weniger bis auf die bei den Schnecken stets freibleibenden Buccalganglien. Die Innervierung bleibt die gleiche; akzessorische Ganglien können auftreten. Die Pulmonaten sind also gleichfalls euthyneure Schnecken.

Die Muscheln haben ein recht einfaches Nervensystem (Abb. 34). Es mag das mit ihrer wenig beweglichen Lebensweise und mit dem durch die Schale bedingten Abschluß von der Außenwelt zusammenhängen, mit der sie nur durch den Fuß und Mantelrand bzw. die Siphonen in Verbindung stehen. Hinter dem vorderen Schließmuskel neben der Mundöffnung liegen die durch eine Kommissur verbundenen Cerebropleuralganglien, die Mundlappen, vorderen Schließmuskel und den vorderen Teil des Mantels versorgen. Zwei Konnektive führen zu den Pedalganglien im Fuß, den sie innervieren. Bei seiner Rückbildung verkümmern sie. Zwei lange Konnektive gehen von den Cerebropleuralganglien zu den verschmolzenen Visceralganglien (einschließlich der Parietalganglien) für Eingeweide, Kiemen und hinteren Schließmuskel. Sie liegen meist unter ihm. Da sie auch den hinteren Teil des Mantels und die Siphonen versorgen, sind sie oft größer als die Cerebropleuralganglien. Buccalganglien fehlen, einige Muscheln haben Palpenganglien.

Sehr ähnlich ist das Nervensystem der Scaphopoden (Abb. 8), bestehend aus zwei Cerebral- und zwei Pedalganglien, zwei Pleuralganglien neben den Cerebralganglien und zwei neben dem Enddarm liegenden Visceralganglien. Dazu kommen die entsprechenden Konnektive sowie

Buccalganglien und Subradularganglien, die den Muscheln ebenso wie die entsprechenden Organe fehlen. Bei beiden Gruppen ist das Nervensystem symmetrisch, die Visceralkommissur nicht gekreuzt.

Die höchste Konzentration und Differenzierung hat das Nervensystem der Cephalopoden. Pedal- und Pleuro-Visceralganglien sind verschmolzen; von ersteren hat sich ein besonderes Ganglion brachiale abgetrennt, das mit acht (bei Octopoden) und zehn (bei Decapoden) Nerven die Arme versorgt. Die Innervierung der Arme von einem Teil des Pedalganglions und die in der Ontogenie stattfindende Umwachsung des Mundes durch die Tentakel spricht für ihre Zugehörigkeit zum Fuß. Ein Teil des Pedalganglions versorgt den vorderen Teil des Trichters. Seitlich von der Cerebropedalganglienmasse geht ein Nerv zum Ganglion opticum ab, an ihm liegt das Ganglion pedunculi. Die Visceralganglien innervieren den hinteren Teil des Trichters, die Eingeweide, den Mantel und die Flossen; auf der Innenseite des Mantels liegen die großen sternförmigen Ganglia stellata für die Mantelmuskulatur. Dazu kommen noch obere und untere Buccalganglien für Lippen, Kiefer und Radula, ferner zwei kleine Ganglien für das Subradularorgan, ein mit den unteren Buccalganglien verbundenes Ganglion gastricum und andere Ganglien. Diese ganze Ganglienmasse umgibt als Ring den Schlund und liegt in einer sie schützenden, knorpeligen Hülle, dorsal Buccal-, Cerebralganglien (Oberschlundmasse) ventral Brachial-, Pedal- und Visceralganglien (Unterschlundmasse); zwei starke Konnektive verbinden beide. Die Cerebralganglien sind den anderen übergeordnet und regulieren ihre Funktion. In den Armnerven sind sowohl motorische wie sensible Ganglienzellen; hiermit hängt wohl auch die freie Bewegung des Hektocotylusarmes der *Argonautidae* zusammen. Abgeschnittene Arme haben nicht nur Witterungsvermögen, sondern können sogar gerichtete Bewegungen ausführen. Ein sehr komplizierter Vorgang ist der Farbwechsel, bei dem taktile Erregungen der Saugnäpfe, optische Reize, das Ganglion pedunculi und Zentren der Cerebralganglien zusammenwirken. Tintenfische sind dressurfähig, selbst Werkzeuggebrauch ist bei ihnen beobachtet worden. Man kann bei ihnen von einem „Gehirn“ reden.

Einfacher ist das Nervensystem von *Nautilus;* in dem über dem Schlund gelegenen Strang sind Ganglien und Nervenfasern nicht getrennt; von ihm gehen zwei Schlundringe aus, der vordere bildet das Pedal-, der hintere das Visceralganglion.

4. Stoffwechselorgane

a) Ernährungssystem

Am Verdauungsapparat der Weichtiere lassen sich Vorder-, Mittel- und Enddarm unterscheiden. Ursprünglich liegt der Mund am vorderen, der After am hinteren Körperende, bei den Schnecken wird letzterer fast immer vorn auf die rechte Seite verlagert. Außer bei den Muscheln, denen der Kopf fehlt, liegt die Mundöffnung in diesem, bei vielen Vorderkiemern auf einer Schnauze. Die meist räuberischen, höher entwickelten Gruppen derselben haben einen oft sehr langen Rüssel (Proboscis), der entweder von der Spitze aus retraktil ist (akrembolisch), oder der Rüssel ist von einer Rüsselscheide umgeben, in der er hin und her geschoben werden kann (pleurembolischer Rüssel). Letztere Form haben nur die höchst entwickelten Vorderkiemer der Ordnung *Neogastropoda.* Die karnivoren nackten Flügelschnecken *(Gymnosomata)* können zum Fang ihrer Nahrung Buccalkegel oder Hakensäcke mit dem Schlund vorstrecken (Abb. 3). Die Mundöffnung führt bei allen Weichtieren außer bei den Muscheln in den muskulösen

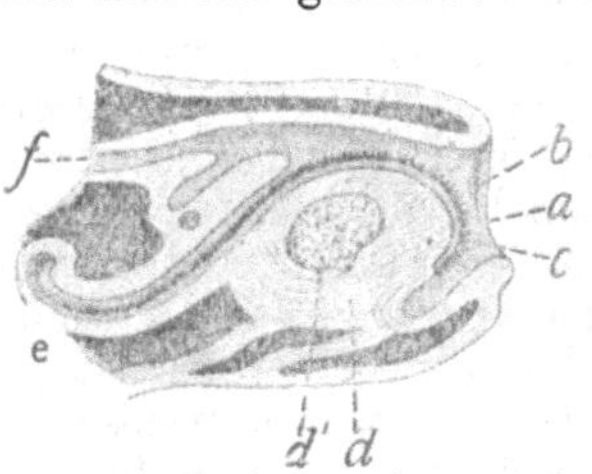

Abb. 17. Längsschnitt durch die Schnauze eines Prosobranchiers (aus Böhmig). — *a* Mund; *b* Kiefer; *c* Radula, *d* Zungenwulst; *d'* „Zungenknorpel“; *e* Radulascheide; *f* Oesophagus.

Schlundkopf (Pharynx). Am Mundeingang bilden sich aus Verdickungen der Kutikula Kiefer; zwei seitliche haben die meisten Vorder- und Hinterkiemer, einen Oberkiefer die Pulmonaten und Scaphopoden, sehr kräftige Ober- und Unterkiefer die Cephalopoden. Keinen Kiefer haben die *Amphineura*, einige Gruppen höherer Vorderkiemer infolge der Art ihres Nahrungserwerbs, z. B. die Kielschnecken (Heteropoden) als Schlinger, manche Formen mit sehr langem Rüssel, Parasiten und einige fleischfressende Lungenschnecken (z. B. *Testacella*, *Daudebardia*). Dem Kiefer bzw. Kiefern gegenüber befindet sich eine für die Weichtiere (außer Muscheln) sehr bezeichnende Bildung, die Radula (Raspel, Zunge). Sie liegt auf einer muskulösen Anschwellung des Bodens des Schlundkopfes, dem sog. Radulastützpolster (Zungenpolster), das Versteifungen aus vesikulärem Bindegewebe oder Chondroidgewebe enthält. Die Radula setzt sich aus mit nach hinten gerichteten Spitzen versehenen, in regelmäßigen Längs- und Querreihen auf einer Basalmembran sitzenden Zähnchen zusammen, sie besteht aus Chitin. Die Zahl, Anordnung und Form der Zähnchen ist systematisch sehr wichtig, aus ihren Merkmalen können ähnlich wie beim Gebiß der Säuger Schlüsse auf die Lebensweise gezogen werden (Abb. 18, 19).

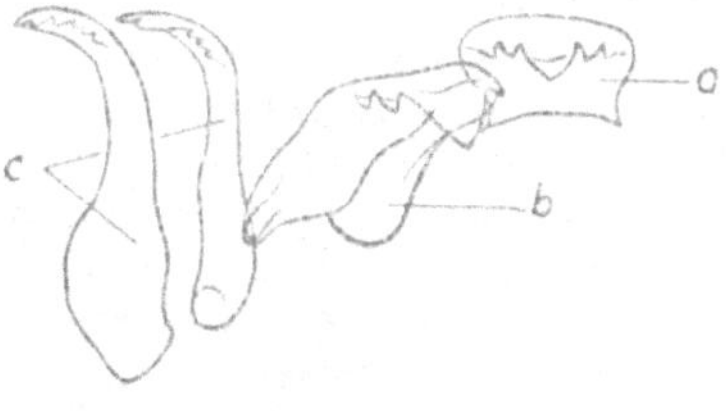

Abb. 18. Halbe Radula-Querreihe eines taenioglossen Prosobranchiers (aus Thiele). — *a* Rhachiszahn; *b* Lateralzahn; *c* Marginalzahn.

Es lassen sich in der Regel drei Formen von Zähnchen in jeder Querreihe unterscheiden, in der Mitte ein symmetrisch geformter Mittel- oder Rhachiszahn, mehrere Reihen mehr oder weniger asymmetrischer, doch zum Mittelzahn symmetrisch gelegener Seiten- oder Lateralzähne und schließlich mehrere Reihen von Rand- oder Marginalzähnen. Die Form der

Zähnchen ist verschieden, bald mit breiten Schneiden (Pflanzenfresser), bald pfriemenförmig zugespitzt (Fleischfresser).

In verschiedenen Gruppen zeigt sich die Neigung zur Reduktion der Anzahl der Zähne innerhalb der Querreihen; ganz verloren haben die Radula einige Wurmmollusken (Solenogastren), parasitierende Vorderkiemer *(Aglossa)*, s. S. 71, manche Hinterkiemer und die Unterordnung *Cirrata* der Oktopoden und Spirula. Die Gesamtzahl der Zähne schwankt von 16 bei *Aeolidia* bis 75000 bei *Pleurobranchus*. Der durch Muskeln sehr bewegliche Zungenwulst kann mit der Radula zu leckenden Bewegungen aus dem Mund hervorgestoßen und wieder zurückgezogen werden und macht dabei noch eine Drehbewegung. Je mehr der Rüssel ausgebildet ist, um so weniger ist es meist die Radula. Sie wird gebildet in einer taschenförmigen Einsenkung hinter dem Zungenpolster, der sog. Radulascheide. In ihr erzeugen Epithelzellen die Zähne (Odontoblasten) und Basalmembran.

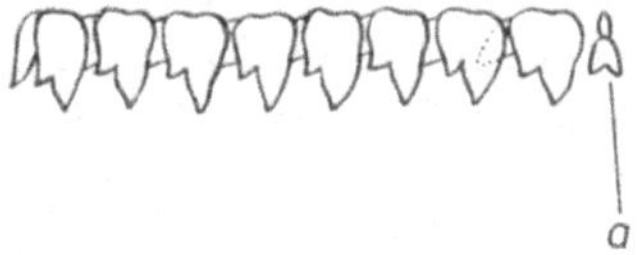

Abb. 19. Halbe Radula-Querreihe von *Lymnaea stagnalis* (aus Geyer). — *a* Rhachiszahn.

Zum Vorderdarm (ektodermales Stomodaeum) gehören auch paarige Speicheldrüsen, die bei Muscheln, Scaphopoden und Chitonen fehlen. Sie münden in den Schlundkopf, ihr Sekret enthält Mucin und je nach der Art der Nahrung verschiedene Fermente, bei einzelnen räuberischen Meeresschnecken auch freie Säuren, so bei *Dolium* 2,7% Schwefelsäure und 0,4% Salzsäure, bei *Tritonium* Asparaginsäure; es lähmt die Beute und erweicht bzw. löst durch chemische Einwirkung die Schale von Stachelhäutern und Mollusken. Die *Toxoglossa* unter den Vorderkiemern *(Conidae, Turridae, Terebridae)* haben eine sog. „Giftdrüse“[1]), die andere Speicheldrüse ist zurückgebildet.

[1]) Nach eigenen Untersuchungen liefert sie kein Gift, sondern dient als Giftpumpe.

Das durch Verletzung mit dem hohlen Pfeilzahn der *Conidae* in die Wunde gelangende Gift kann selbst beim Menschen gefährliche Folgen haben. Die *Dibranchia* haben ein bis zwei Paar Speicheldrüsen, die hinteren liefern, wenigstens bei Octopoden, ein die Beute, vor allem Krebse, lähmendes Gift und eine Protease, die eine extraintestinale Verdauung bewirkt. Vom hinteren oberen Teil des Schlundkopfes geht die Speiseröhre (Oesophagus) ab. Die bei den Chitonen an der Grenze von Schlundkopf und Speiseröhre mündenden Zuckerdrüsen liefern eine Amylase. Ausbuchtungen am Oesophagus der Vorderkiemer können sich z. B. bei den *Neogastropoda* zur Leibleinschen Drüse umbilden, die Fermente bildet. Kropfartige Erweiterungen kommen bei manchen Schnecken *(Nautilus)* und Octopoden vor.

Zum Mitteldarm (Mesenteron) gehören der Magen und die großen Verdauungsdrüsen, die mit ihm zusammenhängen. Ersterer ist häufig mehrteilig, z. B. bei den Wasserlungenschnecken; bei den Kopffüßern hat er oft einen spiralig gewundenen Blindsack (Spiralcoecum), in das der Ausführungsgang der Verdauungsdrüse mündet. Die Magenwände können muskulös sein und bilden bei manchen Tectibranchiern kutikulare Kauplatten, z. B. bei *Aplysia* zum Zerkleinern von Seegras und Algen, bei *Bulla* zum Zermahlen der Schalen von Muscheln. Lymnaeen und Planorben nehmen zur mechanischen Zerkleinerung kleine Steinchen in den Magen auf. Die Mitteldarmdrüse ist ursprünglich paarig oder wenigstens paarig angelegt, wenn auch ihre Lappen oft sehr ungleich sind. Ihre Funktion scheint bei den Weichtieren außer den Kopffüßern eine dreifache zu sein; sie sezerniert verschiedene Fermente, resorbiert die Nahrung und dient als Speicherorgan für Kohlehydrate, Fett und Kalk. Bei den Kopffüßern ist aber die Mitteldarmdrüse nur sezernierend und als Fettspeicher tätig, hat also die Funktion der Leber, die Resorption findet im Darm statt. Ein auf den Ausführungsgängen liegender Teil dieser Drüse ist das Pankreas.

Bei nicht wenigen Vorderkiemern *(Patella*, *Fissurella*,

Rissoa, Hydrobia, Bythinella, Bithynia, Crepidula, Pomatias u.a.) und bei vielen Muscheln kommt ein Kristallstiel zur Ausbildung, der als geformtes Ferment in einer Ausbuchtung des Magens liegt und die Verdauung fördert.

Eine merkwürdige Umbildung erfährt die Mitteldarmdrüse bei den *Cladohepatica* unter den Hinterkiemern, sie löst sich in eine Anzahl verzweigter Gänge auf, die bis in die Rückenanhänge reichen, in ihnen dürfte Verdauung und Resorption stattfinden. Bei den Chitonen scheint die Mitteldarmdrüse nur zu sezernieren und der Darm zu resorbieren.

Die meisten Muscheln sind Strudler, deren Nahrung aus Plankton und Detritus besteht. Im Zusammenhang mit der wenig beweglichen, oft ganz sessilen Lebensweise und der Art ihrer Nahrung fehlt der Kopf und ebenso Kiefer, Schlundkopf und Radula. Im Dienst des Nahrungserwerbs steht das Flimmerepithel des Mantels und der Kiemen, die wegen ihrer doppelten Funktion bei den Muscheln besonders groß sind, zumal sie auch in manchen Fällen noch als Brutbehälter dienen. Durch die starken Randwimpern der Kiemenfäden werden die Nahrungsteilchen und Fremdkörper vom Atemwasser abgesondert und in Schleim gehüllt durch besondere Wimperzüge zu den an der Mundöffnung stehenden Mundlappen (Palpen) gebracht (Abb. 6). Diese haben parallele Wimperleisten, von denen ein Teil nach dem Mund zu schlägt und ihm die Nahrung zuführt, der andere durch umgekehrte Schlagrichtung nicht mehr nötige Nahrung und vielleicht auch unbrauchbare Stoffe zum oberhalb der Kiemen gelegenen Kloakenraum befördert. Die Entleerung von Kot, Geschlechtsprodukten und verbrauchtem Atemwasser erfolgt durch die dorsale Ausströmungsöffnung. Den Magen umgibt die Mitteldarmdrüse, deren Funktion sezernierend und resorbierend ist. In einem Blindsack des Magens bzw. einer Falte des Darmes liegt bei vielen Muscheln der Kristallstiel, ein längliches, gallertiges Gebilde, das als ein geformtes Ferment betrachtet werden kann, das in eiweißartiger Substanz Amylase enthält. Der Kristallstiel wird durch eine drehende Bewegung in den Magen geschoben und löst sich darin auf. Durch 14tägiges Fasten verschwindet er, scheint also auch als Nahrungsspeicher zu dienen. Resorption findet bei den Muscheln auch im Darm statt, der bisweilen eine innere Längsfalte (Typhlosolis) zur Vergrößerung seiner Oberfläche hat.

Die Länge des Enddarmes hängt von der Art der aufgenommenen Nahrung ab, ist also bei den Fleischfressern stets kürzer als bei den Pflanzenfressern. Als Anhangsdrüsen haben manche *Neogastropoda*, z.B. *Murex*, eine dunkel gefärbte Analdrüse, die Scaphopoden eine aus fingerförmigen Schläuchen bestehende Rektaldrüse (Wasserlunge?). Besonders ist aber der Tintenbeutel der Kopffüßer zu erwähnen. Er ist eine Analdrüse, die ein Melaninpigment erzeugt, das stoßweise aus dem Tintenbeutel und Trichter entleert wird, das Wasser trübt und damit das Tier seinen Feinden unsichtbar macht. Er fehlt bei *Nautilus*, den in der Tiefsee lebenden *Cirrata* und der Unterfamilie *Bathypolypodinae* der Achtfüßer.

Bei den Wurmmollusken (Solenogastren) mündet der Enddarm in einen Raum, der auch die Endwege der Gonaden aufnimmt und als Kloake bezeichnet werden kann. Bei einigen Schnecken enden Ureter und Enddarm gemeinsam. Dieser wird bei den meisten Muscheln und den *Zeugobranchia* von der Herzkammer umgeben. Das eigentliche Proctodaeum (ektodermaler Enddarm) ist meist nur kurz.

b) Atmungssystem

Ursprünglich hatten alle Mollusken als Meeresbewohner zur Entnahme des Sauerstoffs aus dem Wasser dienende Kiemen als Atmungsorgane. Es sind Kammkiemen (Ctenidien), Auswüchse der Körperwand mit in zwei Reihen angeordneten Blättchen. Sie liegen paarig neben dem Enddarm in der Mantelhöhle. Ihr Epithel ist bewimpert, und sie werden vom Blut durchströmt. So gestaltete Kiemen haben von den Vorderkiemern die *Zeugobranchia*, von den Muscheln die *Protobranchia (Nuculacea)*, ferner die *Tetrabranchia (Nautilus)*, und zwar zwei Paare, die *Dibranchia* ein Paar. Auch die unpaare Kieme der *Tecti-*

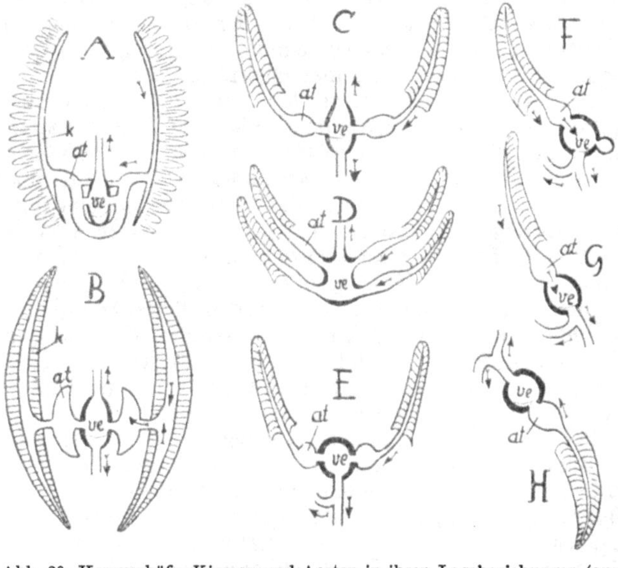

Abb. 20. Herzvorhöfe, Kiemen und Aorten in ihren Lagebeziehungen (aus Lang-Hescheler). — *A* Chiton; *B* Lamellibranchia; *C* Dibranchia; *D* Tetrabranchia *(Nautilus)*; *E* Prosobranchia. Diotocardia. Zygobranchia; *F* Pros. Diot. Azygobranchia; *G* Pros. Monotocardia; *H* Opisthobranchia Tectibranchia; *at* Herzvorhof; *ve* Herzkammer; *k* Kiemen.

branchia unter den Hinterkiemern ist ein abgeändertes Ctenidium. Zweizeilig ist ferner die vorstreckbare Kieme der *Valvatidae*. Bei allen anderen Vorderkiemern ist das Ctenidium einzeilig. Die meisten haben nur die linke Kieme behalten *(Azygobranchia)*[1]), die *Trochacea* vermitteln durch den Besitz einer, und zwar der linken, zweizeiligen Kieme und von zwei Vorkammern des Herzens

[1]) Zeugobranchia = Zygobranchia.

zwischen den *Azygobranchia* und den *Zeugobranchia* mit zwei Kiemen und zwei Vorkammern (Abb. 20).

Durch fadenförmige Verlängerung der Kiemenblättchen und Umbiegung nach außen entsteht aus der Kammkieme die Fadenkieme der filibranchiaten Muscheln (*Arcacaea*) mit einem absteigenden und aufsteigenden Schenkel. Bei den *Pseudolamellibranchia* sind die Kiemenblätter gefaltet und sowohl die benachbarten Fäden der aufeinanderfolgenden Reihen wie auch die zusammengehörenden eines Blattes durch Bindegewebsbrücken verbunden. In

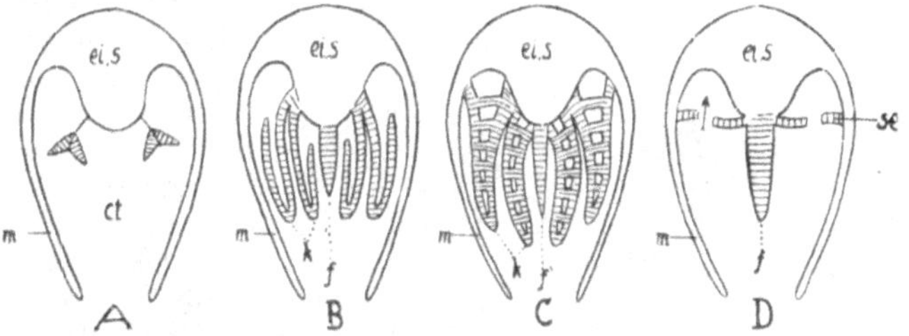

Abb. 21. Schematische Querschnitte durch Muscheln, um das Verhalten der Kiemen bei den Protobranchiern (*A*), den Filibranchiern (*B*), den Eulamellibranchiern (*C*) und den Septibranchiern (*D*) zu zeigen (nach Lang). — *k* Kiemen; *f* Fuß; *m* Mantelfalten; *ct* Ctenidien; *eis* Eingeweidesack.

den glatten oder gefalteten Kiemen der höchst entwikkelten *Eulamellibranchia* sind die Gewebsbrücken der Kiemenfäden hohl und vom Blut durchflossen, und die Kiemen dadurch in von Löchern und Spalten durchbrochene Blätter umgewandelt. Von dieser typischen Form — also zwei Kiemen mit je einem äußeren und inneren Blatt, jedes aus zwei Lamellen — können durch Reduktion des äußeren Kiemenblattes Abweichungen entstehen (Abb. 6, 21).

Alle landbewohnenden Vorderkiemer haben statt Kiemen eine mit Blutgefäßen reich versehene Decke der Mantelhöhle, die als Lunge zur Luftatmung dient (Abb. 24). Ebenso ist es bei allen Lungenschnecken (Pulmonaten), deren Mantelhöhle außerdem nur durch ein Atemloch (Pneumostom) mit der Außenwelt verbunden ist. Hebung und Senkung des Bodens der Lungenhöhle (Diaphragma) bewirkt die Atmung. Bei einigen Pulmonaten ist die Lunge mit den übrigen Pallialorganen an das Hinterende des Körpers verlagert (Opisthopneumonie). Rückbildungen von Kieme und Lunge kommen in verschiedenen Gruppen vor. Erstere kann ersetzt sein durch sekundäre (adaptive) Kiemen. Solche sind die in einer Furche neben dem Fuß der Chitonen stehenden mehr oder weniger zahlreichen Kiemen, die also nach Thiele keine echten Ctenidien (Hoffmann hält sie für Ctenidien) sind. Ferner gehören zu den adaptiven Kiemen die blattförmigen Kiemen an der Unterseite des Mantels bei *Patellidae* und die auf dem Rücken der *Aeolidiacea* befindlichen Anhänge (Cerata) (Abb. 1). Manche Wasserlungenschnecken (*Basommatophora*) haben außer der Lunge noch adaptive Kiemen von verschiedener Form (z. B. manche *Planorbidae* und *Ancylidae*, *Miratesta*). In tiefen Seen lebende Lymnaeen, die nicht zur Atmung an die Oberfläche kommen können, atmen mit ihrer mit Wasser gefüllten Lunge, ebenso auch die aus dem Ei schlüpfenden wasserbewohnenden Basom-

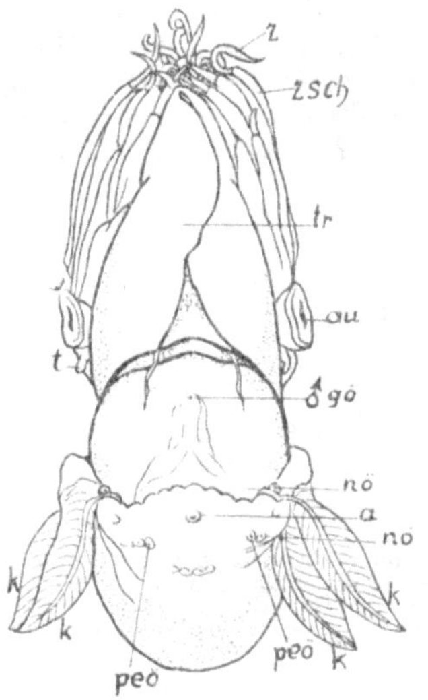

Abb. 22. Männlicher *Nautilus*, Ventralansicht, Mantel zurückgeschlagen (aus Thiele). — *a* After; *au* Auge; ♂ *gö* männliche Geschlechtsöffnung; *k* Kiemen; *nö* Nierenöffnungen; *peö* Pericardialöffnung; *t* Tentakel; *tr* Trichter; *z* Zirren; *zsch* Zirrenscheide.

matophoren. Der physiologische Unterschied zwischen Vorderkiemern und Lungenschnecken ist nicht stets vorhanden, denn es gibt eine ganze Anzahl luftatmender Vorderkiemer und mit akzessorischen Kiemen versehener Lungenschnecken (s. o. und die *Siphonariidae*). Die *Oncidiidae*, strandbewohnende Nacktschnecken, haben verzweigte Rückenpapillen und Lungen zur Atmung. Bei allen Schnecken spielt außerdem die Hautatmung eine wichtige Rolle, besonders bei den Basommatophoren; sie ist die einzige Art der Atmung bei manchen Hinterkiemern, einzelnen Vorderkiemern und wohl auch bei den Scaphopoden. Die Wurmmollusken, von denen *Chaetoderma* eine adaptive Kieme im Analraum hat, besitzen sonst an dieser Stelle nur Hautfalten zur Atmung.

Bei den Kopffüßern geschieht die Einatmung durch Aufnahme von Wasser in die erweiterte Mantelhöhle bei geschlossenem Trichter, die Ausatmung durch Ausstoßen des Wassers aus dem Trichter bei verengter Mantelhöhle. Knorpelgruben am Trichter und entsprechende Verdikkungen im Mantel (Mantelschließapparat) sichern bei manchen Kopffüßern diese Bewegung.

c) Kreislaufsystem

Gefäßsystem und Herz fehlen ganz dem Hinterkiemer *Rhodope* und einigen auch in ihrer übrigen Organisation sehr rückgebildeten, in Stachelhäutern schmarotzenden Vorderkiemern. Bei den Scaphopoden ist das Herz eine Einstülpung der dorsalen Wand des Herzbeutels, Blutgefäße fehlen auch hier. Während auch die Wurmmollusken zwar ein Herz mit Vorkammer, aber nur ein dorsales Gefäß haben, besitzt das wie bei allen Mollusken dorsal liegende Herz der Chitonen zwei Vorkammern, die ihm das Blut aus den Kiemen zuführen. Es ist also arteriell; das gilt für alle Weichtiere, die stets im Gegensatz zu den Anneliden ein offenes, von Blutlakunen (Sinus) unterbrochenes Gefäßsystem haben. Während die anderen Weichtiere eine vordere Aorta (A. cephalica) und hintere Aorta (A. visceralis) haben, findet sich bei den Chitonen nur eine vordere. Das venöse System besteht bei ihnen aus Sinus, führt zu den Kiemen und von dort zum Herzen. Zwei symmetrisch gelegene Vorhöfe haben auch die Muscheln, zwei Herzkammern einige Arten derselben Klasse (*Arca, Lima* und *Vulsella*). Bei den meisten Bivalven umgeben Herzbeutel und Herzkammer durch Umwachsung den Enddarm (Abb. 34). Durch eine Klappe (Kebersche Klappe) kann bei den Muscheln ein im Fuß liegender Sinus geschlossen und so die zu seiner Bewegung nötige Schwellung hergestellt werden.

Zwei symmetrische Vorkammern haben die *Dibranchia*, seinen vier Kiemen entsprechend hat *Nautilus* deren vier (Abb. 20). Die engen Beziehungen zwischen Kiemen und Herz zeigen sich besonders bei den Vorderkiemern. Bei ursprünglichen Gattungen dieser Gruppe, z. B. *Pleurotomaria, Haliotis, Fissurella*, sind zwei Kiemen und zwei Vorhöfe vorhanden (*Zeugobranchia*). Bei ihnen umgibt wie bei den Muscheln das Herz den Darm. Die zu den *Azygobranchia* mit nur einer Kieme gehörenden *Trochidae, Turbinidae* und *Neritidae* haben zwar die rechte Kieme verloren, aber die rechte Vorkammer noch behalten. Beide Gruppen werden als *Diotocardia* zusammengefaßt; alle anderen Vorderkiemer, auch solche, die sekundär durch Übergang zum Landleben und zur Luftatmung die Kiemen ganz verloren haben (z. B. *Cyclophoridae, Pomatiasidae*), haben nur eine Vorkammer (*Monotocardia*); sie liegt hinter der Kieme und vor dem Herzen. Bei den Hinterkiemern (*Opisthobranchia*) liegt meist die Kieme hinter dem Herzen und die Vorkammer hinter der Herzkammer. Die durch ein Gefäßnetz der Mantelhöhle luftatmenden Lungenschnecken (*Pulmonata*) haben wiederum in der Regel den Vorhof vor der Kammer. Bei manchen Familien ist der Eingeweidesack rückgebildet und mit der Lunge und der Schale an das Hinterende des Körpers verlagert (opisthopneumone Pulmonaten, z. B. *Oncidiidae* und *Testacellidae*). Blutlakunen finden sich bei sämtlichen *Conchifera*, wenn auch nicht so ausgedehnt wie bei den Chitonen. Bei den Kopffüßern sind Arterien und Venen schon teilweise direkt durch Kapillaren verbunden. *Nautilus* hat wie die übrigen Kopffüßer eine das Blut des Kopfsinus und Darmes sammelnde Vena cava und vier aus den Kiemen zum Herzen führende Kiemenvenen, doch keine Kiemenherzen. Eine direkt aus dem Herzen kommende Arteria genitalis haben die Myopsiden und Oktopoden. Eine Besonderheit der *Dibranchia*, die nur zwei Kiemenvenen haben, sind die in die Blutbahn vor den Kiemen eingeschalteten muskulösen Kiemenherzen. Verstärkter Blutzufluß ist nicht nur für die Bewegung des Fußes bei Muscheln und Schnecken nötig, sondern er bewirkt auch das Ausstrecken der Fühler, des Rüssels und der Begattungsorgane, deren Retraktion durch Muskeln erfolgt.

Das Blut der Weichtiere ist im allgemeinen farblos. Es muß als Hämolymphe bezeichnet werden, da es aus Blut und Lymphe besteht und mit wenigen Ausnahmen nur Amöbocyten enthält. Es kann aber auch respiratorische Farbstoffe, und zwar Hämoglobin, enthalten, z. B. bei Planorbiden, *Solen*, *Arca*, und kupferhaltiges Hämocyanin (bei *Helix*, *Lymnaea*, *Viviparus*, *Murex*, *Anodonta*, *Mytilus*, *Eledone*, *Sepia*). An Blutkörperchen gebundenes Hämoglobin haben einige *Arca*-Arten, sonst sind die genannten Blutfarbstoffe in der Blutflüssigkeit gelöst. Ungefärbte Eiweißstoffe mit der Fähigkeit Sauerstoff zu binden, sog. Achroglobine, sind bekannt von *Patella*, *Chiton* und *Pinna*. Sie enthalten teilweise Mangan.

Das Perikard der Mollusken ist als Teil des Zöloms zu betrachten. Da jenes aus einer einheitlichen Anlage mit den Gonaden und Nieren hervorgeht, wird von manchen Zoologen auch die Gonadenhöhle als ein Teil des Zöloms angesehen. Bei Solenogastren und Cephalopoden ist eine Verbindung von Perikard und Gonaden die Regel. Ein Gono-Perikardialgang wurde auch bei einigen Vorderkiemern gefunden. In der Wand des Perikards liegt oft eine Perikardialdrüse mit exkretorischer Funktion in den Herzbeutel hinein. „Blutdrüsen“, die vermutlich Amöbocyten bilden, können an verschiedenen Körperstellen vorhanden sein.

d) Exkretionssystem

Die Exkretionsorgane der Weichtiere sind Nephridien, die durch Flimmertrichter (Nephrostome) mit dem Perikard in offener Verbindung stehen. Eine Ausnahme bilden nur die Scaphopoden, deren paarige Nieren keine Beziehungen zum Perikard haben, und *Nautilus*, bei dem die Renoperikardialgänge sich von den Nieren gelöst haben und neben der Öffnung der hinteren Niere direkt in die Mantelhöhle münden. — Die Nieren sind ursprünglich paarig und symmetrisch, ihrer Entstehung nach dürften sie von den Gonaden abgelöste Gonodukte sein. Anklänge daran zeigen noch manche Schnecken und Muscheln, bei denen die Mündung der Gonaden mit dem Endteil der Nieren zusammenhängt.

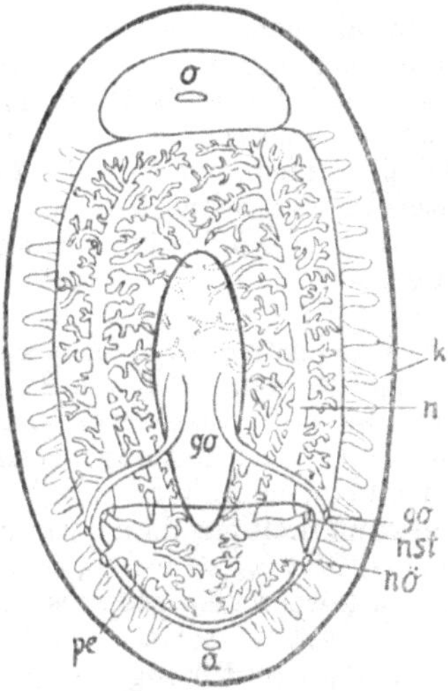

Abb. 23. Chiton, Schema des Exkretions- und Genitalapparates (nach Lang). — *a* After; *o* Mund; *k* Kiemen; *n* Nephridien; *nö* Nephridialporen; *nst* Nierenspritze (Verbindungsöffnung mit dem Perikard); *go* Gonade; *gö* Genitalporen; *pe* Umriß des Perikards.

Bei den Solenogastren sind eigentliche Nieren nicht bekannt, an ihrer Stelle scheint eine der Perikardialdrüse ähnliche Bildung an der Außenwand des Herzvorhofes zu dienen. Die Nephridien der Chitonen sind paarig, jede Niere hat die Form eines Y oder V; die Nephrostome und die neben der 7. Schalenplatte in die Kiemenrinne sich öffnenden Ausführungsgänge sind einander genähert. Zahlreiche Seitenäste gehen von jedem Hauptast ab, die höchstentwickelten Formen mit Kiemen in der ganzen Kiemenrinne haben auch die ausgedehntesten Nephridien (Abb. 23). Die ursprünglichsten Vorderkiemer haben zwei Nieren (z.B. *Haliotis*, *Trochidae*), doch können sie verschieden groß sein. Die übrigen haben nur die ursprünglich rechte Niere behalten, die infolge der Drehung des Pallialkomplexes nach links verlagert ist. Die Gattungen *Viviparus* und *Valvata* haben einen am Mantelrand mündenden Ureter, während sich sonst die Niere im hinteren Teil der Mantelhöhle links vom Enddarm öffnet. Ähnlich verzweigt wie die Niere der Chitonen ist sie bei vielen Hinterkiemern. Die Lungenschnecken haben stets eine einheitliche Niere in der Lungenhöhle neben dem Perikard, manche Gruppen dieser Unterklasse auch einen sekundären Ureter, der von der Wand der Lungenhöhle gebildet wird und neben dem Darm nach vorn zum Atemloch verläuft.

Die paarigen dorsal gelegenen Nieren der Muscheln, die Bojanus'schen Organe, bestehen meist aus zwei übereinanderliegenden Schenkeln, von denen der untere, mit dem Perikard verbundene, exkretorisch tätig ist, der obere mit Wimperepithel bekleidete als Ausführungsgang dient. Beide Nieren können sich nähern und in offene Verbindung treten. Die Nieren münden in die Mantelhöhle, dicht neben der Öffnung der Gonaden (Abb. 34).

Die höchstentwickelten Exkretionsorgane mit bei den anderen Mollusken nicht vorhandenen Bildungen haben die Kopffüßer. Bei ihnen sind die Kiemengefäße mit drüsigen Anhängen versehen (Venenanhänge), die in die ihnen dicht anliegenden und mit Nephrostomen versehenen Nierensäcke eingestülpt sind. Diese Venenanhänge entnehmen dem Blut die Exkrete und geben sie an die Nierensäcke ab, die sich mit Nierenpapillen in die Mantelhöhle öffnen.

Nautilus hat entsprechend seinen vier Kiemen und Kiemenvenen auch vier Venenanhänge (vier Nieren), die Dibranchia nur zwei. Das Pankreas soll an der Exkretion gleichfalls beteiligt sein und außerdem eine Funktion im aufbauenden Stoffwechsel haben.

Bei den Weichtieren durchströmt also der größte Teil des venösen Blutes erst die Nieren und dann die Atmungsorgane. Als Abbauprodukte des Eiweißstoffwechsels werden phosphorsaurer Kalk (von *Nautilus*), Guanin, Hippoxanthin und Harnsäure abgeschieden, von Muscheln Harnstoff.

Speichernieren, also Organe, die Stoffwechselprodukte nicht entleeren, sondern dauernd festhalten, hat die auch in Deutschland lebende Landdeckelschnecke *Pomatias elegans* in Form von weißen Konkrementen zwischen den Darmwindungen, die durch Speicherung von Harnsäure, Xanthin usw. in Zellen entstehen, außerdem enthalten letztere auch symbiontische Bakterien. Auch andere Gattungen der gleichen Familie haben diese Einrichtung, die außerdem von *Carinaria* und *Pleurobranchus* bekannt ist. Es ist auch möglich, daß die in der Haut mancher Nacktschnecken, besonders solcher mit lebhaften Farben und buntem Schleim gefundenen N-haltigen Stoffe dort vorübergehend gespeichert und als Abwehr- und Ekelstoffe gebraucht werden.

5. Geschlechtsorgane, Fortpflanzung, Regenerationsvermögen

Alle Weichtiere haben nur die geschlechtliche Fortpflanzung. Ihre Geschlechtsorgane sind entweder zwittrig oder getrenntgeschlechtlich. Ohne Ausnahme getrennten Geschlechts sind die Cephalopoden und Scaphopoden, alle Chitonen außer einer Art. Zwitter sind alle Lungenschnecken und Hinterkiemer — bei letzteren ganz wenige Ausnahmen —, die Solenogastren außer den *Chaetodermatidae*, einige Gruppen und Arten von Vorderkiemern, nämlich *Marsenia*, *Onchidiopsis*, *Valvata*, ferner einige tiefseebewohnende Rhipidiglossen, die parasitisch lebenden Gattungen der *Pyramidellidae*, die Gattungen der *Calyptraeidae*, sowie gelegentlich *Patella vulgata*. Wie bei den Vorderkiemern ist auch die Mehrzahl der Muscheln getrennten Geschlechts; Zwittrigkeit findet sich auch bei ihnen vor allem bei unbeweglichen oder in der Tiefsee lebenden Arten, so bei manchen Ostreiden, *Tridacna*, den *Anatinacea* und *Poromyacea*, aber auch bei den im Süßwasser lebenden Sphaeriiden und einigen anderen.

Auch Geschlechtswechsel kommt vor. Die Auster *(Ostrea edulis)* ist erst männlich, dann weiblich, dieser Wechsel kann mehrmals erfolgen. Der Vorderkiemer *Crepidula fornicata*[1]) ist zuerst klein, frei beweglich und männlich, er wird dann zwittrig, sessil, nimmt an Größe zu und wird schließlich weiblich. Zwergmännchen sind mehrfach bekannt, so übertrifft bei *Lacuna pallidula* das Weibchen das Männchen um das Dreifache, bei den *Argonautidae* sind die Männchen zwerghaft, bei *Argonauta* haben sie im Gegensatz zum Weibchen auch keine Schale. Erhebliche Größenunterschiede beider Geschlechter finden sich auch bei manchen Vorderkiemern, wie *Hydrobia*, *Rissoa*, *Pseudamnicola*. An der Schale zeigt sich Geschlechtsdimorphismus bei nordamerikanischen Arten der *Unionacea* und bei landbewohnenden Deckelschnecken der Familie *Helicinidae*.

Bei zwittrigen Weichtieren werden meist männliche und weibliche Keimstoffe nebeneinander in den gleichen Teilen oder in getrennten Teilen der Gonaden erzeugt, nur selten sind die männlichen Gonaden (Spermarien) von den weiblichen (Ovarien) gesondert und münden auch mit getrennten Ausführungsgängen (bei den Muscheln der Gruppen *Anatinacea* und *Poromyacea*). In den meisten Fällen sind Zwitter protandrisch, eine Ausnahme ist z.B. die Nacktschnecke *Deroceras laeve*, die proterogyn ist.

Die erheblichen Unterschiede der Geschlechtsorgane und ihrer Funktion in den einzelnen Klassen der Weichtiere machen eine gesonderte Besprechung nötig. Die Gonaden der Solenogastren bilden zwei dorsal nebeneinander liegende, aber meist getrennte Säcke. Ihre Ausführungsgänge vereinigen sich zu einem Hohlraum, der als „Uterus" und Perikard dient (Besonderheit dieser Gruppe!).

---

[1]) Familie *Calyptraeidae*.

Zwei Ausführungsgänge dieses Raumes, oft mit Receptacula seminis versehen, münden dann vereinigt oder getrennt in die Analhöhle aus. Ein mit Kalkspikeln versehenes Organ, das vermutlich der Kopulation dient, ist manchmal vorhanden, einige Arten haben Brutpflege mit direkter Entwicklung. Die Gonaden sind zwar bei den meisten Arten der Chitonen verschmolzen, haben aber gesonderte symmetrische Ausführungsgänge, die sich ohne Anhangsorgane vor den Nierenmündungen in der Kiemenhöhle öffnen. Die Befruchtung erfolgt außerhalb des Körpers im Wasser. Eine Art der Gattung *Callistochiton* ist lebend gebärend, so daß hier Befruchtung im Körper durch mit dem Wasser vermutlich mit der Genitalpapille aufgenommenes Sperma anzunehmen ist. Brutpflege haben einige Arten, die Eier und Jungtiere in der Kiemenrinne bei sich tragen.

Die einheitliche Gonade der Scaphopoden verwächst bei der Geschlechtsreife mit der rechten Niere, die Wand zerreißt, und die Keimstoffe gelangen durch die Niere in die Mantelhöhle und ins Wasser, wo die Befruchtung stattfindet. Ähnliche Beziehungen zwischen Gonaden und Nieren finden sich bei manchen Muscheln, deren paarige und symmetrische, bisweilen sekundär verschmolzene Keimdrüsen meist kurze und einfache, neben den Nierenöffnungen endende Ausführungsgänge in die Mantelhöhle haben. Bei den Nuculiden münden Nieren und Gonaden in einen gemeinsamen Endteil, bei *Lima*, *Anomia* und Pectiniden stehen die Gonodukte mit den Perikardialschenkeln der Nieren in Verbindung. Die Befruchtung geschieht bei den meisten Muscheln im Wasser; bei den Arten mit Brutpflege, die fast immer innerhalb der Kiemen stattfindet (z. B. *Unionacea*, *Sphaeriidae*)[1]) wird Sperma mit dem Atemwasser aufgenommen, und es erfolgt die Vereinigung der Keimstoffe in den Kiemen bzw. in der Mantelhöhle. Von marinen Arten haben besonders Bewohner kalter Meere und der Tiefsee Brutpflege, ferner

[1]) Die *Sphaeriidae* sind vivipar.

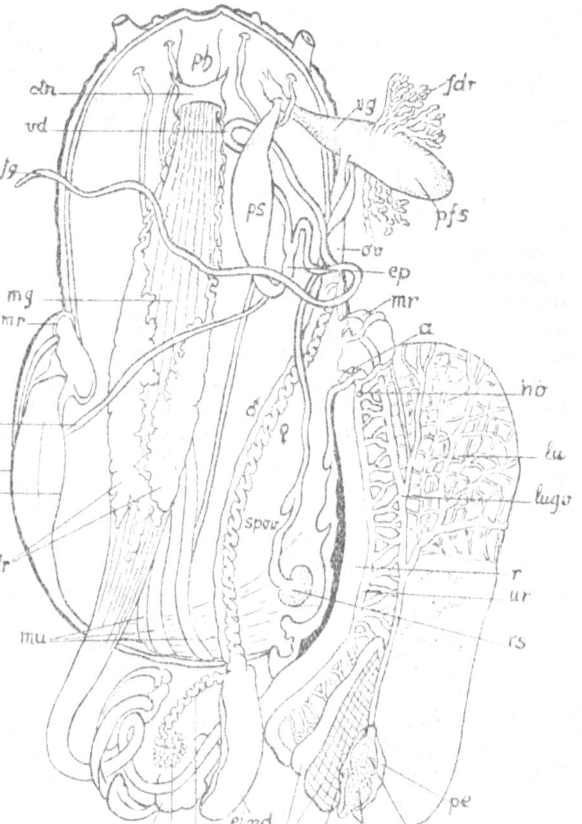

Abb. 24. Anatomie von *Helix pomatia* (aus Kükenthal). — *ph* Pharynx; *mg* Magen; *spdr* Speicheldrüsen; *md* Mitteldarmdrüse; *r* Enddarm; *a* After; *n* Niere; *nö* Nierenöffnung; *nst* Nephrostom, *ur* Ureter; *pe* Herzbeutel; *at* Herzvorhof; *ve* Herzkammer; *lu* Lunge; *lugb* Lungenboden; *lugd* Lungendach; *lugv* Lungenvene; *mr* Mantelrand; *zw* Zwitterdrüse; *zg* Zwittergang; *eiwd* Eiweißdrüse; *spov* Spermovidukt; *rs* Samenblase; *ov* Eileiter; *pfs* Pfeilsack; *fdr* fingerförmige Drüsen; *vg* Vagina; *vd* Vas deferens; *ep* Epiphallus; *prt* Penisretractor; *ps* Penis; *fg* Flagellum; *mu* Muskeln; *ctn* Gehirn.

an und in Stachelhäutern parasitierende Muscheln der Familie *Montacutidae* (*Devonia*, *Entovalva*, *Scioberetia*, die zugleich auch Zwitter sind). *Thecalia concamerata* und *Milneria minima* bilden am ventralen Schalenrand eine besondere Brutkammer, *Nucula delphinodonta* befestigt ihre Eier an ihrer Schale in einem Brutsack aus Drüsensekret und Fremdkörperchen.

Die ältesten Schnecken gehören zu den Vorderkiemern, deren Geschlechtsorgane zunächst besprochen werden sollen. Es lassen sich an ihnen Gonaden, Leitungswege, Begattungs- und Reizorgane unterscheiden. Die Gonaden liegen meist im oberen Teil des Eingeweidesacks innerhalb der Mitteldarmdrüse. Bei den meisten *Diotocardia* münden die Leitungswege in die rechte Niere, durch die Eier und Spermien entleert werden. Wahrscheinlich ist sie durch einen Funktionswechsel bei allen anderen Gastropoden in den Gonodukt umgewandelt worden. Bald treten an ihm Anhangsorgane auf, zunächst Schleimdrüsen und eine Eiweißdrüse, dann ein Receptaculum seminis (Samenbehälter). Der distale Teil des weiblichen Gonoduktes heißt Vagina, der bei lebendgebärenden Arten sich anschließende erweiterte Teil Uterus, besser Brutraum (Abb. 26). Bei Neritiden und Heliciniden hat der weibliche Gonodukt zwei Öffnungen, eine zur Begattung, die andere zur Eiablage. Männliche Prosobranchier (Abb. 25) haben ein Vas deferens, häufig mit Anhangsdrüsen (Prostata) oder einer Spermatophorendrüse. Ein Begattungsorgan (Penis) fehlt den primitiven Vorderkiemern; bei ihnen erfolgt die Befruchtung im Wasser. Der Penis kann von Teilen des Kopfes, des Mantels und Fußes gebildet

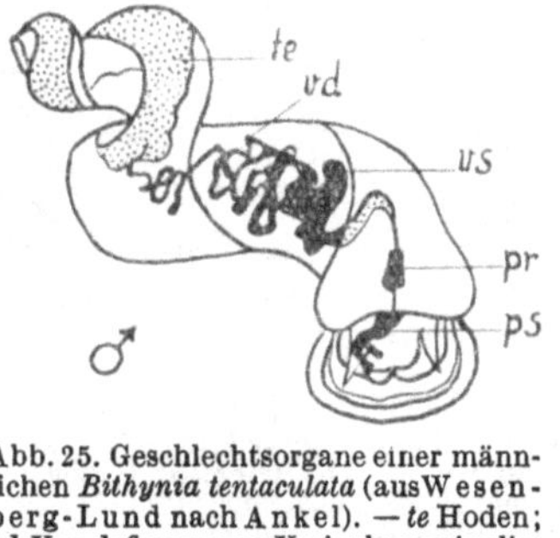

Abb. 25. Geschlechtsorgane einer männlichen *Bithynia tentaculata* (aus Wesenberg-Lund nach Ankel). — *te* Hoden; *vd* Vas deferens; *vs* Vesicula seminalis; *pr* Prostata; *ps* Penis

werden, was aus seiner Innervierung geschlossen werden kann. Aus dem rechten Tentakel geht er bei den *Viviparidae* hervor, aus dem Mantel bei *Ampullarius*. Der oft sehr große Penis der höheren Vorderkiemer ist nicht einstülpbar. Ursprünglich gelangt das Sperma von der Mündung des männlichen Gonoduktes in der Mantelhöhle durch eine offene Flimmer- (Samen-) Rinne zum Penis, die sich später zu einem Rohr schließt. Bei der Begattung sitzt das Männchen auf der Schale des Weibchens bei gleichgerichteten Schalen und führt von oben her den Penis in die Vagina ein. Paarungsketten kennt man bei *Crepidula fornicata*, die auf Muschelschalen sitzt. Die unteren größeren und älteren Tiere sind in Bau und Funktion weiblich, die oberen kleineren funktionsfähige Männchen, dazwischen können sich funktionslose Tiere im Übergang vom männlichen zum weiblichen Geschlecht befinden (B. Werner).

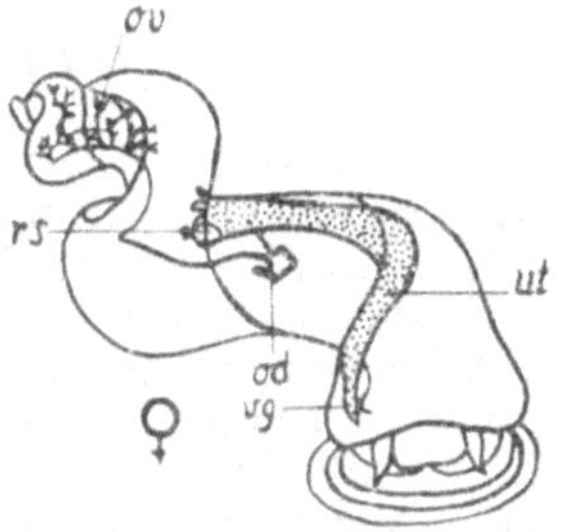

Abb. 26. Geschlechtsorgane einer weiblichen *Bithynia tentaculata* (aus Wesenberg-Lund nach Ankel). — *ov* Ovarium; *rs* Receptaculum seminis; *od* Eileiter; *ut* Fruchthalter; *vg* Vagina.

Bei vielen Vorderkiemern findet sich Dimorphismus der Spermien, indem außer typisch gestalteten auch atypische, wurm- oder spindelförmige, stets an Chromatin ärmere Spermien vorkommen. Ihre Funktion ist auch unklar, das Eindringen atypischer Spermien in Eier bewirkt vielleicht ihre Umwandlung zu Nähreiern oder sie selbst dienen als Nährmaterial für typische Spermien. Besonders große atypische Spermien, an denen sich zahlreiche normale anheften, wirken als Spermiozeugma wahrscheinlich wie ein Samentransportapparat, z.B. bei *Janthina* und *Scala*.

Parthenogenese ist bekannt bei *Campeloma rufum* und bei dem viviparen *Potamopyrgus jenkinsi*. Selbstbefruchtung hat der parasitierende *Enteroxenos*. Lebendgebärend sind die *Viviparidae, Melania, Littorina saxatilis, Cymbium* u.a. Die Eier werden einzeln oder zahlreich in gallertigen Bändern *(Natica)* oder in Eikapseln abgelegt, d.h.,es liegen zahlreiche Eizellen in einer eiweißhaltigen Masse in einer gemeinsamen Hülle. Bei vielen Stenoglossen entwickeln sich in jeder Eikapsel nur wenige Eier zu Larven, die Mehrzahl dient ihnen zur Ernährung (Nähreier), der Vorgang heißt Adelphophagie. Brutpflege kommt in verschiedener Weise vor, z.B. bei *Capulus* und *Crepidula*. Die Hinterkiemer, im Gegensatz zu den vorigen fast sämtlich Zwitter, haben im einfachsten Fall einen ungeteilten Ausführungsgang, Spermovidukt, von dessen Öffnung eine Samenfurche zum Penis führt (monauler Typus), z.B. bei Pteropoden und vielen *Cephalaspidea*. Bei *Actaeon* u.a. teilt sich der Spermovidukt in einen Ovidukt und das ohne Flimmerrinne bis zum Penis führende Vas deferens (diauler Typus). Viele *Sacoglossa* und *Holohepatica* haben einen in Begattungsgang und eileitenden Abschnitt (Eiergang) geteilten Ovidukt und ein Vas deferens (triauler Typus). Anhangsgebilde, wie Receptaculum seminis, Schalendrüse, Eiweißdrüse und Prostata sind vorhanden, häufiger als bei Vorderkiemern finden sich am stets retraktilen Penis Reizorgane in Form von Höckern, Zähnchen oder einem Stachel. Der Begattung gehen bei Nudibranchiern Liebesspiele voraus; sie ist wechselseitig, d.h. jedes Tier fungiert zu gleicher Zeit als Männchen und Weibchen, einseitig aber bei den Tectibranchiern. Kettenbildung, bei der das jeweils untere Tier weibliche, das obere männliche Funktion hat, ist von *Acera* und *Aplysia* bekannt. Vivipar ist die gymnosome Pteropode *Anopsia (Psyche)*, bei der sich die Eier in einem Brutraum entwickeln und durch Platzen der Körperwand der toten Mutter entleeren. Neotenie scheint bei *Paedoclione* vorzukommen. Der Laich der Hinterkiemer ist meist spiralig gewunden oder schnurförmig.

Alle Pulmonaten sind Zwitter (Abb. 24). Der aus der Gonade führende Zwittergang endet oft mit einer Befruchtungstasche, die der großen Eiweißdrüse anliegt;

daran schließt sich ein Spermovidukt, der durch eine innere Falte in einen männlichen mit Drüsenbesatz (Prostata) versehenen, und einen weiblichen Teil getrennt ist, sich aber dann in einen Ovidukt und ein Vas deferens teilt. Zu den Anhangsorganen der weiblichen Gonodukte gehören ferner ein Receptaculum seminis mit mehr oder weniger langem Stiel, bisweilen auch noch mit einem Divertikel des Stieles als Rest einer Verbindung zwischen ihm und dem Spermovidukt. Der Endabschnitt, die Vagina, kann Drüsenanhänge *(Glandulae mucosae)* und bei den höchstentwickelten Landschnecken einen oder mehrere Pfeilsäcke haben, in denen sich ein dolchartiger Kalkkörper (Liebespfeil) bildet. Er wird vor der eigentlichen Begattung in den Körper des Partners gestoßen und dient als Reizmittel. Pfeilsäcke finden sich z.B. bei vielen *Ariophantidae*, manchen *Urocyclidae, Zonitoides nitidus, Fruticicolidae, Helicidae.* Der distale Teil des Vas deferens verdickt sich bei manchen Landschnecken zu einem drüsigen Epiphallus. Von ihm kann ein langer, peitschenförmiger Fortsatz (Flagellum) ausgehen. In diesen Anhangsgebilden entsteht die Spermatophore. Manche Ellobiiden haben noch eine offene Wimperrinne (Samenfurche) bis zum Penis. Dieser ist stets retraktil und in eine muskulöse Penistasche eingeschlossen. Bei den im Süßwasser lebenden Lungenschnecken sind die männlichen und weiblichen Geschlechtsöffnungen getrennt (diauler Typus), und führt ein geschlossenes Vas deferens in den Penis. Bei ihnen wurde auch Selbstbegattung beobachtet. Mit der Ablage der Eier in Laichform hängt wohl das Vorhandensein einer Nidamentaldrüse zusammen; bei manchen Lymnaeiden dürfte das Receptaculum seminis den Penis bei der Begattung aufnehmen, so daß in diesen Fällen die Bezeichnung Bursa copulatrix richtiger wäre.

Getrennte Geschlechtsöffnungen haben auch die tropischen Nacktschneckenfamilien der *Oncidiidae* und *Vaginulidae*, und zwar findet sich die männliche Öffnung am Kopf, die weibliche bei den Oncidiidae hinten, bei den Vaginuliden rechtsseitig. Die Geschlechtsöffnung liegt sonst bei allen Pulmonaten auf der rechten Kopfseite. Bei linksgewundenen Formen wird die Geschlechtsöffnung infolge des Situs inversus der Eingeweide auf der linken Seite angetroffen. Das gilt auch für die linksgewundenen Exemplare von normalerweise rechtsgewundenen Arten. Die Stylommatophoren sind durch sekundäre Bildung eines gemeinsamen Atrium genitale nur scheinbar monaul. (Ausnahmen s. o.) Rückgebildet ist der Penis bei *Arion*, das Atrium übernimmt seine Funktion. Bei *Vallonia* und *Acanthinula* haben die meisten Individuen im Frühjahr und Sommer auch als erwachsene Tiere keine männlichen Endwege, bei *Spermodea* und *Zoogenetes* sind sie noch unbekannt (wahrscheinlich Selbstbefruchtung). Reizorgane können in sehr verschiedener Form bei den einzelnen Gruppen vorhanden sein. Außer Pfeilsäcken finden sich Stilette am Penis mancher Planorbiden, Zähnchen am gleichen Organ der *Oncidiidae*, fleischige Reizkörper (Reizpapillen) im Penis oder im Atrium. *Semilimax* hat ein schlauchförmiges Anhangsorgan (Appendicula), aus dem ein Saugnapf als Haftorgan bei der Begattung ausgestülpt werden kann, usw.

Begattung und innere Befruchtung ist bei den Pulmonaten die Regel. Erstere ist bei den Wasserlungenschnekken, die im allgemeinen das Sperma ohne Bildung einer Spermatophore bei der Kopula übertragen, meist einseitig, d.h., ein Tier fungiert nur männlich, das andere weiblich. Kettenbildung ist bei sich paarenden Lymnaeiden nicht selten. Wechselseitige Begattung, bei der jedes Tier aktiv und passiv in seiner Geschlechtsfunktion ist, kommt bei Planorbiden vor und ist die Regel bei den Landlungenschnecken (Stylommatophoren). Bei ihnen gehen ihr Liebesspiele voraus, die ebenso wie die Kopula selbst den morphologisch sehr verschiedenen Geschlechtsorganen entsprechend sich in verschiedener Weise abspielen.

Die Kopulation der Stylommatophoren soll an einem Beispiel kurz geschildert werden. Zwei paarungslustige Exemplare der Weinbergschnecke *(Helix pomatia)* richten sich mit aufeinander gelegten Fußsohlen auf unter lebhaften Bewegungen der Fühler. Nach einiger Zeit tritt eine Pause ein, das Liebesspiel beginnt dann von neuem, bis bei einander zugekehrten Geschlechtsöffnungen meist nur ein Partner den Pfeilsack ausstülpt und den Liebespfeil in den Leib des anderen stößt. Oft folgt nun eine neue Pause, bis der vom Liebespfeil getroffene das gleiche tut. Nun treten bei beiden aus den Geschlechtsöffnungen die Genitalien heraus und nach längeren Versuchen in die richtige Lage zu kommen, erfolgt die im Gegensatz zu den oft stundenlangen Vorspielen nur einige Minuten dauernde eigentliche Begattung.

Einige *Limax*-Arten mit einem Penis von bisweilen mehrfacher Körperlänge können sich nur mit den Köpfen nach unten hängend unter gegenseitiger spiraliger Umwindung der Körper und Penis begatten, wobei z.B. *Limax cinereoniger* an einem Schleimfaden hängt.

Selbstbegattung kommt bei Formen mit getrennten Geschlechtsöffnungen vor, Selbstbefruchtung ist außer in den oben genannten Fällen mit Sicherheit bei *Arion empiricorum* (aut), *Limax cinereoniger*, *Deroceras laeve sandwichiense*, bei Lymnaeiden, Physiden und Planorbiden beobachtet.

Brutpflege hat die Gattung *Garretina* durch Aufbewahrung der Eier im Nabel der Schale, lebendgebärend sind z.B. *Balea perversa*, *Laciniaria biplicata*, *Zoogenetes*, *Pyramidula*, *Acanthinula*, *Partula* und weitere Gattungen, sämtlich landbewohnend. Die Eier der Wasserlungenschnecken werden stets in verschieden geformten Laichballen abgelegt, bei den Landlungenschnecken fast immer nicht verbunden in Gelegen, bei den *Veronicellidae* in Schnüren. Sie können auch kalkige Schalen haben und bei der südamerikanischen Gattung *Strophochilus* taubeneigroß sein. Manche tropischen Baumschnecken legen ihre Eier zwischen mit Schleim verklebten Blättern ab. Bei den Landlungenschnecken scheint eine Reife der bei der Kopulation aufgenommenen Spermien im Receptaculum seminis notwendig zu sein.

Die Gonade der *Tetrabranchia (Nautilus)* liegt in der Leibeshöhle, nur der rechte Ausführungsgang ist erhalten geblieben, beim Weibchen liegt an ihm die Nidamental-(Schalen-)Drüse. Am inneren Armsystem haben beide Geschlechter Einrichtungen, die mit der noch unbekannten Begattungsweise zusammenhängen dürften, beim

Männchen der aus mehreren verschmolzenen Zirren gebildete Spadix, beim Weibchen Lamellen und eine Tasche. Auch die Gonade der *Dibranchia* ist immer im dorsalen Zölomteil (Genitalzölom) gelegen. Die Eier gelangen aus ihm in die Eileiter, die bei den Oegopsiden und Octopoden paarig sind, während die Myopsiden und Cirroteuthiden nur den linken besitzen.

Am Eileiter befinden sich vor der Ausmündung der Genitalpapille in die Mantelhöhle Eileiterdrüsen. Fächerartig gebaute Nidamentaldrüsen, die Material für die Eischalen liefern, haben von den Dibranchiern die Myopsiden, einige Oegopsiden und *Spirula*. Die Hoden öffnen sich gleichfalls in das Genitalzölom. Der Samengang, der nur bei *Calliteuthis* paarig, sonst linksseitig entwickelt ist, nimmt das Sperma auf und führt in die dreischenklige Spermatophorendrüse. Sie ist durch einen kurzen Gang mit der akzessorischen oder Rangierdrüse verbunden, aus der die Spermatophoren in umgekehrter Lage durch eine Schleife in den Spermatophorensack (Needhamsche Tasche) kommen. Sie ändern nochmals ihre Richtung, ehe sie durch den sog. Penis, der mit der Begattung nichts zu tun hat, in die Mantelhöhle selbst gelangen.

Alle Kopffüßer haben Spermatophoren, deren Bau bei den *Dibranchia* sehr kompliziert ist. Es sind 3 bis 80 mm lange Gebilde, die im hinteren Teil der festen rohrförmigen Hülle die Spermien enthalten, während sich im vorderen Teil ein Apparat befindet, der durch Wasseraufnahme oder durch die Berührung mit weiblichen Drüsensekreten quillt und die Spermien explosionsartig ausstößt. Zur Übertragung der Spermatophoren auf das Weibchen haben fast alle Kopffüßer an einem oder zwei Armen besondere Bildungen. Man nennt diese Arme hectocotylisiert oder Hectocotyli. Die Bezeichnung rührt von der Entdekkung saugnapftragender, länglicher, beweglicher Körper in der Mantelhöhle des Weibchens von *Argonauta* her, die Cuvier für einen parasitischen Wurm ansah und Hectocotylus nannte. Bei den meisten Oegopsiden, Loliginiden und Sepiiden ist es ein, oder bei *Spirula*, *Idiosepius* und

Todaropsis beide Dorsalarme, bei den Octopoden einer des dritten Armpaares. Die Umbildungen, die der Hectocotylus erfährt, sind bei den einzelnen Gattungen sehr verschieden, meist Vergrößerung oder Rückbildung von Saugnäpfen, Bildung eines Löffels am Ende des Hectocotylus und einer Samenfurche bei den Octopoden. Die Begattung ist nur bei einem kleinen Teil der Tintenfische bekannt.

In der Paarungsstellung von *Sepiola atlantica*, einer benthonischen Art, ruht das Weibchen mit der Bauchseite auf dem Rücken des auf dem Boden liegenden Männchens, das mit seinen Fangarmen ersteres von unten über dem Nacken umfaßt, mit seinem zweiten Armpaar sich an die Bauchseite des Weibchens anschmiegt und dann das erste Armpaar in die Mantelhöhle jenes einführt, wobei der linke Arm als Hectocotylus dient. *Loligo pealii*, eine pelagisch lebende Art, umfaßt schwimmend sein Weibchen mit den Armen von unten her, nimmt mit dem Hectocotylus die inzwischen von der männlichen Genitalpapille (sog. Penis) zur Trichteröffnung gelangten Spermatophoren und führt nun den Arm in die Mantelhöhle des Weibchens ein. Sofort nach der Paarung beginnt die Eiablage, die Befruchtung erfolgt in der nach dem Platzen der Spermatophoren mit Sperma erfüllten Mantelhöhle. Bei *Sepia* umschlingen sich die Partner mit zugewandten Köpfen mit ihren Armen. Bei *Octopus* stellt nur der Hectocotylus die Verbindung zwischen Männchen und Weibchen her, der von der Mündung des Trichters die Spermatophoren in seine Samenrinne aufnimmt, weiterleitet und mit dem Löffel an die weibliche Genitalpapille andrückt; die Spermien werden frei und befruchten die austretenden Eier. Noch merkwürdiger ist die Funktion des Hectocotylus bei den Argonautiden; er löst sich von seinem Träger ab, kann frei schwimmen, in die Mantelhöhle des Weibchens eindringen und sogar eine innere Befruchtung bewirken, so daß *Ocythoe* lebendgebärend ist. Sicheres über die Paarung ist noch nicht bekannt.

Das Regenerationsvermögen der Weichtiere ist am besten von den Schnecken bekannt. Abgeschnittene Fühler werden wieder ersetzt, auch solche mit Augen und Teile des Kopfes. Abgeschnittene Köpfe wachsen nicht nach. *Succinea* regeneriert ihren Fühler, der mit *Leucochloridium paradoxum*, der Larve des Saugwurms *Urogonimus macrostomus*, gefüllt war und von einem Vogel abgerissen wurde. Auch Teile des

Fußes und der Deckel werden ersetzt. Autotomie durch Abwerfen des Fußendes mit nachfolgender Regeneration kommt bei *Harpa*, *Helicarion* und einigen anderen Arten vor. Vorderkiemer können auch den Sipho regenerieren. Die Schale kann niemals ganz neu gebildet werden. Defekte werden nur im Bereich des Mantelrandes mit allen drei Schichten wieder hergestellt, sonst ohne Periostrakum mit einer dem Hypostrakum ähnlichen Schicht bedeckt. Von den Kielschnecken *Pterotrachea* wurden Exemplare ohne Augen und Mund beobachtet, auch hier dürfte Regeneration möglich sein. Die Rückenanhänge (Cerata) der Hinterkiemer sind regenerationsfähig, auch bei ihnen kommt Autotomie vor. Scaphopoden ersetzen ihre Captacula. Schalenregenerate sind bei *Argonauta* und wohl auch bei *Nautilus* bekannt. Es ist anzunehmen, daß die bei der Fortpflanzung der Argonautiden sich spontan ablösenden Hectocotyli nachwachsen; bei manchen Kopffüßern werden abgeschnittene Fangarme regeneriert. Von Muscheln ist der Wiederersatz von Teilen des Mantelrandes, der Siphonen, der Mantelfühler von *Lima* und *Pecten* und auch der Mantelrandaugen letzterer Gattung bekannt. Im Gegensatz zu den Schnekken können Muscheln durch einen Funktionswechsel der Epithelzellen des Mantels alle Schalenschichten zum Verschluß von Schalendefekten regenerieren.

6. Entwicklung

Der großen Verschiedenheit in der Morphologie der Weichtiere entsprechend ist auch ihre Ontogenie nicht gleich. Die Eifurchung ist bei allen Gruppen außer den Tintenfischen total-inäqual und verläuft nach dem Spiraltypus. Mit der Entwicklung der Anneliden gemeinsam ist auch die bei Chitonen, Vorderkiemern und Lungenschnekken festgestellte Bildung der Kreuzplatte. Die Gastrula entsteht durch Invagination oder Epibolie, das Ektoderm aus den Mikromeren, das Entoderm aus den Makromeren, eine Tochterzelle von Zelle 4d derselben liefert die bei Käferschnecken, Schnecken und Muscheln nachgewiesenen Urmesodermzellen. Die verwandtschaftlichen Beziehungen zu den Anneliden zeigen sich auch in der Larvenform, die bei einigen Gruppen (Chitonen, Solenogastren, Scaphopoden, *Docoglossa* und primitiven Muscheln) besonders große Ähnlichkeit mit der Trochophoralarve zeigt. Meist treten aber schon frühzeitig die Anlagen zu den für die Weichtiere typischen Merkmalen (Fuß, Schale) auf; oberhalb des Mundes entsteht eine bilateral-symmetrische Verbreiterung mit einem Besatz kräftiger Zilien, das Velum, das dem Prototroch vergleichbar ist; aus der Trochophora geht die Veligerlarve hervor, die vor allem für marine Muscheln und Schnecken typisch ist. Bei der Organbildung entsteht aus dem Ektoderm der Vorderdarm, das Nervensystem, die Sinnes- und Atmungsorgane und die nicht immer vorhandenen larvalen Urnieren (Protonephridien). Das Entoderm bildet den Mitteldarm und die Verdauungsdrüsen, mesodermaler Herkunft sind Muskulatur und Bindegewebe, die aus den Mesodermstreifen entstehen. Aus einer Primitivanlage des Mesoderms gehen der Herzbeutel, Herz, Nieren und Genitalzellen hervor. Ein ektodermaler Enddarm fehlt meist oder ist nur wenig entwickelt. Die Anlage der Schale, fälschlich Schalendrüse genannt, ist zunächst eine Einstülpung, dann Ausstülpung des Ektoderms, die ein Conchinhäutchen bildet, in dem Kalk abgelagert wird. Bei der weiteren Entwicklung werden die Larvenorgane (Velum, Urnieren usw.) rückgebildet, die bisher schwimmende Larve sinkt zu Boden (Bodenlarve) und wandelt sich weiter um.

Über die Ontogenie der Solenogastren ist noch wenig bekannt. Die Larve ist durch zwei Querfurchen in drei Teile gegliedert, der mittlere hat eine Wimperschnur. Nach dem Übergang zur kriechenden Lebensweise entsteht am Hinterende eine Knospe als hinterer Teil des erwachsenen Tieres, die Wimperschnur geht verloren, die Larve streckt sich und dorsal treten Spikeln auf. Die Larve der Chitonen entspricht durch ein apikales Wimperbüschel und einen äquatorialen Wimperkranz, unter dem zwei Augen liegen, der Trochophora. Bei der Bodenlarve entstehen dorsal in flachen Querfurchen die Schalenteile, zunächst sieben; die noch eine Zeitlang sichtbaren Augen verschwinden.

Die meisten Vorderkiemer haben eine Veligerlarve. Diese ist bei manchen Gattungen durch verlängerte Lappen des Velums oder durch vermehrte Anzahl derselben so auffallend gestaltet, daß sie in Unkenntnis der zugehörigen erwachsenen Form als eigene Gattungen beschrieben wurden. Bei einigen Familien (*Lamellariidae* und *Cypraeidae)* wird nicht die endgültige Schale an die Larvenschale angebaut, wie es die Regel ist, sondern sie entsteht in letzterer als eine Neubildung. Die Larvenschale der *Pyramidellidae* hat eine andere Windungsrichtung als die übrige Schale (heterostropher Apex). Spiralige Schalen sind anfangs mit ihrem aufgerollten Teil nach vorn gerichtet (exogastrisch), bald aber macht sich ein ungleichseitiges Wachstum bemerkbar, die Torsion beginnt und die anfangs symmetrische Schale wird asymmetrisch und endogastrisch. Aus einem undeutlichen Trochophorastadium geht die Veligerlarve der Hinterkiemer hervor. Während bei den Tectibranchiern die Schale weiterwächst oder rudimentär wird, geht sie bei den Nudibranchiern ganz verloren und wird abgeworfen. Die gymnosomen Pteropoden haben nur für kurze Zeit ein einlappiges Velum, das dann durch drei Wimperkränze ersetzt wird. Auch sie werfen ihre Schale ab. Es ist also in beiden Gruppen wohl stets eine Schale mit Deckel wenigstens vorübergehend vorhanden.

Die Lungenschnecken haben im allgemeinen keine Veligerlarven, wenn auch Andeutungen von Wimperstreifen vorhanden sein können. Nur die strandbewohnenden *Ellobiidae* und *Oncidiidae* bilden denen der Hinterkiemer ähnliche Larven. Sonst fehlt allen Pulmonaten ein Veligerstadium. Bei den Landlungenschnecken treten zwei larvale Organe auf, die Kopfblase (Cephalocyste) und die Fußblase (Podocyste). Erstere scheint nur passiv bewegt zu werden und der Atmung zu dienen, während die den Wasserlungenschnecken fehlende Fußblase durch regelmäßige Kontraktionen das Blut im Körper bewegt.

Die Larve der Scaphopoden hat einen apikalen Wimperschopf und drei bis vier äquatoriale Wimpergürtel.

Von der dorsal liegenden Schalenanlage bildet sich die zuerst napf-, dann sattelförmige und schließlich ventral sich zu einer Röhre schließende Schale.

Fast alle marinen Muscheln und die im Süßwasser lebende *Dreissena* haben eine auf das Trochophorastadium folgende Veligerlarve. Die Anlage der Schale ist zunächst einheitlich, ihr mittlerer, unverkalkt bleibender Teil bildet später das Schloßband. Kopfaugen und einen Fuß haben auch solche Formen, denen erwachsen diese Organe fehlen. In den frühesten Stadien besitzt die Larve nur einen Schalenschließmuskel, später aber haben alle Muscheln ein larvales zweimuskeliges Stadium, auch dann, wenn sich später der vordere Schließmuskel zurückbildet. Arten mit Brutpflege haben keine Flimmerlarve. Die Glochidien der *Unionacea* werden im speziellen Teil besprochen; s. S. 82. Einen Wimperschopf und drei Wimperringe haben die Larven der primitiven *Nuculacea*.

Abweichend von allen anderen Mollusken ist die Entwicklung der Kopffüßer, deren Eier reich an Dotter sind. Die Furchung ist partiell und führt zur Bildung einer Keimscheibe, den Dotter umgibt eine Zellschicht. Der Rand der Keimscheibe wird mehrschichtig, das Entoderm entsteht durch Einstülpung. Auf der Keimscheibe treten als Erhöhungen und Einsenkungen die Anlagen der Arme, Kiemen, der zunächst grubenförmigen Augen und der Trichterfalten auf, die sich erst später zu einem Rohr schließen. Der Embryo hebt sich immer mehr vom Dottersack ab. Die anfänglich mehr ventral stehenden Armanlagen wachsen um den Mund. Bei kleineiigen Formen finden sich larvenhafte planktonische Jugendstadien, z. B. „*Rhynchoteuthis*“ mit den beiden obersten rüsselförmig verwachsenen Armen.

7. Stammesgeschichte

Die Stammesgeschichte der Mollusken, die zuerst im Kambrium auftreten, ist noch in manchen Fragen umstritten. Sie dürften im Vorkambrium aus unbeschalten, wurmartigen Vorfahren entstanden sein. Unter den lebenden Gruppen sind die

Solenogastren die primitivsten, sie haben noch einen Hautmuskelschlauch, geraden Mitteldarm und keine Schale, besitzen jedoch schon eine Radula. Die Chitonen stehen ihnen zwar nahe, sind aber nicht von ihnen abzuleiten. Gemeinsame Züge sind die starke Kutikula mit Kalkkörperchen und das aus vier gangliösen Längsstämmen bestehende Nervensystem. Dem Fuß der Chitonen entspricht die Falte in der Bauchfurche der Wurmmollusken. Mit den anderen Mollusken gemeinsam haben erstere die — im Bau allerdings andere — Schale, den Fuß, die Rückbildung des Hautmuskelschlauchs; Herzbeutel und Gonaden sind getrennt. Das Fehlen der Visceralkommissur, der hinteren Aorta, das Perinotum und ihr Nervensystem sind aber Merkmale, die die Abtrennung dieser beiden Klassen von den *Conchifera* als *Amphineura* wohl begründen. Die primitivsten Formen der Schnecken und Muscheln können uns eine gewisse Vorstellung von der Urform der Conchifera geben. Ihr Körper war bilateral symmetrisch, mit paarigen Nephridien und Gonaden, zwei Herzvorhöfen, paarigen Kammkiemen und einem Kriechfuß. Das Nervensystem des Fußes war noch strickleiterförmig, aber eine Visceralkommissur schon vorhanden. Durch asymmetrisches Wachstum des von der Schale bedeckten Eingeweidesackes gingen die Schnecken aus ihnen hervor. Die ältesten noch lebenden sind die Zygobranchier mit *Pleurotomaria* und *Haliotis*. Formen mit sekundär symmetrischer Schale sind die *Docoglossa*; die *Trochacea* mit Verlust der rechten Kieme vermitteln zu sämtlichen höheren Gruppen. Die *Siphonostoma* sind jünger als die *Holostoma*. Von Vorderkiemern sind die Hinterkiemer und Lungenschnecken abzuleiten, die in wichtigen Merkmalen (Orthoneurie, Zwittrigkeit) übereinstimmen. Primitive Formen unter ihnen haben noch die Streptoneurie, die beschalten Hinterkiemer sind älter als die nackten. Zwischen Schnecken und Muscheln, letzteren näher, stehen die Scaphopoden. Die ältesten Muscheln sind die *Protobranchia*, dann die *Taxodonta*, später entstanden die formenreichen Eulamellibranchiata; die *Sinupalliata* sind jünger als die *Integripalliata*. Einen sehr selbständigen, schon früh aus der Urkonchifere entstandenen Zweig, bilden die Kopffüßer. Die ältesten sind die fossilen Endoceratiden mit gestreckten Schalen; aus ihnen sind die *Nautiloidea* und *Ammonoidea* abzuleiten, letztere hatten wahrscheinlich wie *Nautilus* vier Kiemen. Die Schale war ursprünglich bei allen Kopffüßern äußerlich und gekammert. Eine andere von den

Endoceratiden abzuleitende Reihe sind die *Belemnoidea* mit sechs Tentakeln und die Dekapoden; die Schale von *Sepia* entspricht dem Proostrakum der Belemniten und ihr hinterer Dorn vielleicht dem Rostrum. Die Oktopoden sind jünger, ihre Ableitung von den Dekapoden ist noch unklar, beide Gruppen sind aber nicht aus den *Tetrabranchia* hervorgegangen.

8. Stellung in der Natur

Die Mollusken spielen im Vergleich zu anderen Tiergruppen, z.B. Würmern, Insekten und Wirbeltieren, trotz ihrer großen Artenzahl keine wesentliche Rolle im Naturgeschehen. Tintenfische bilden eine wesentliche Nahrung der Zahnwale; von unbeschalten Pteropoden und kleinen Krebsen leben die wirtschaftlich wichtigen Bartenwale. Einige Fische fressen Mollusken. Manche Landschnecken, vor allem Nacktschnecken, sind Schädlinge der Kulturpflanzen (z.B. die Ackerschnecken der Gattung *Deroceras*), und in den Tropen die aus Ostafrika stammende *Achatina fulica*, die teils von Menschen angesiedelt, teils verschleppt über Indien, die Sunda- und Südseeinseln bis Kalifornien gelangt ist. *Limax*-Arten treten auch in Kellern als Vorratsschädlinge auf. Sehr groß sind die Zerstörungen, die an Hafenbauten durch die als „Bohrwürmer" bezeichneten Arten der Familie *Teredinidae* verursacht werden.

Direkten Schaden bringt dem Menschen der Biß großer *Conus*-Arten, aus neuerer Zeit werden mehrere Todesfälle, zum Teil nach 5 Stunden, berichtet. Viel wichtiger sind Schnecken als Zwischenwirte von Krankheitserregern des Menschen und der Haustiere. So ist *Galba truncatula* der Zwischenwirt des Leberegels *(Fasciola hepatica)*, mehrere Arten von *Helicella* und *Zebrina detrita* des Lanzettegels *(Dicrocoelium lanceatum)*. Der Leberegel Ostasiens, *Fasciolopsis buski*, dessen Endwirt der Mensch ist, hat als Zwischenwirt verschiedene Planorbiden, der Lungenwurm *(Paragonimus westermanni)*, gleichfalls im Menschen, einige Arten der Gattung *Semisulcospira;* die *Schistosoma*-Arten in den Blutbahnen der Eingeborenen der Tropen und Subtropen entwickeln sich in Planorbiden und *Oncomelania*-Arten.

Nutzen bringen vor allem marine Mollusken als Nahrungsmittel, z.B. Tintenfische, Austern und Miesmuscheln; einige Heliciden werden in Südeuropa in erheblichen Mengen gegessen. Bei den Naturvölkern spielten außerdem Molluskenschalen als Gebrauchsgegenstände und Schmuck eine große

Rolle. Perlmutter von *Haliotis*, *Pteria* und Flußmuscheln wird auch jetzt noch zu Schmuckgegenständen verarbeitet, und Perlen von *Pteria* und *Margaritana* stehen seit dem Altertum bis heute in hohem Wert.

II. SYSTEMATISCHER TEIL

1. Das System der Mollusken

Stamm: **Mollusca,** Weichtiere, Mollusken

1. Unterstamm: **Amphineura** *(Aculifera)*, Urmollusken

I. Klasse: **Solenogastres** Wurmmollusken

II. Klasse: **Loricata** *(Chitones)*, Käferschnecken

1. Ordnung: *Lepidopleurina.*
2. Ordnung: *Chitonina.*

2. Unterstamm: **Conchifera**

I. Klasse: **Gastropoda,** Schnecken

I. Unterklasse: *Prosobranchia,* Vorderkiemer.

1. Ordnung: *Archaeogastropoda.*
2. Ordnung: *Mesogastropoda.*
3. Ordnung: *Neogastropoda.*

II. Unterklasse: *Opisthobranchia,* Hinterkiemer.

1. Ordnung: *Pleurocoela.*
2. Ordnung: *Pteropoda.*
3. Ordnung: *Sacoglossa.*
4. Ordnung: *Nudibranchia.*

III. Unterklasse: *Pulmonata,* Lungenschnecken.

1. Ordnung: *Basommatophora.*
2. Ordnung: *Stylommatophora.*

II. Klasse: **Scaphopoda** *(Solenoconchae)*, Röhrenschaler

III. Klasse: **Bivalvia** *(Lamellibranchia, Acephala, Pelecypoda)*, Muscheln

1. Ordnung: *Taxodonta.*
2. Ordnung: *Anisomyaria.*
3. Ordnung: *Eulamellibranchiata.*

IV. Klasse: **Cephalopoda,** Kopffüßer, Tintenfische

I. Unterklasse: *Tetrabranchia.*
II. Unterklasse: *Dibranchia.*

1. Ordnung: *Decapoda (Decabrachia).*
2. Ordnung: *Octopoda (Octobrachia).*

2. ÜBERBLICK ÜBER DAS SYSTEM UND DIE BIOLOGIE DER WEICHTIERE

1. Unterstamm: **Amphineura** *(Aculifera)*, Urmollusken

Symmetrische Mollusken mit einem sehr einfachen Nervensystem aus einem Schlundring und vier Längsstämmen, ohne scharfe Trennung von Ganglienzellen und Nervensträngen, mit einer im Gegensatz zu den weichhäutigen Conchifera mit Kutikula und Stacheln versehenen Haut, ohne oder mit einer Schale, die im Bau von jener der Conchifera abweicht. Eine dem Mantel der letzteren homologe Hautfalte fehlt. Die beiden zu den *Amphineura* gehörenden Klassen haben außer den oben genannten Merkmalen gemeinsam das Vorhandensein einer Radula, das Fehlen von Kopfaugen, Tentakeln, Kiefern und Statocysten; verschieden sind die Gestaltung des Darmes und die Beziehungen zwischen Gonaden, Nieren und Herzbeutel.

I. Klasse: **Solenogastres** *(Aplacophora)*, Wurmmollusken

Wurmförmige Tiere ohne Segmenticrung mit einer mehr oder weniger dicken, fast stets mit Stacheln bedeckten Kutikula und einer ventralen Bauchfurche, ohne Schale und ohne Kriechfuß (Abb. 27, 28).

Der walzenförmige bis schlank wurmförmige Körper der wenige mm bis 30 cm messenden Tiere hat keinen

Mantel; eine Kutikula, die mit Ausnahme der Gattung *Gymnomenia* mit verschieden geformten Stacheln besetzt ist, umgibt den Körper außer in der mit Zilien versehenen Bauchfurche, die alle Familien haben außer den *Chaetodermatidae*. Eine, manchmal längsgeteilte, bewimperte Falte in ihr entspricht dem Fuß. Der Hautmuskelschlauch ist meistens schwach. Außer den oben genannten Nerven jederseits ein Buccalganglion. Der gestreckt von der vorn gelegenen Mundöffnung zum am Hinterende befindlichen After ziehende Darmkanal hat am oralen Ende eine Grube (Atrium) mit einer Anzahl sensibler Zirren. Die fast stets vorhandene Radula ist noch relativ einfach gebaut. Kiemen fehlen; die Atmung erfolgt vermutlich durch die Bauchfurche und die am Hinterende gelegene Kloake, in der sich Fältchen oder bei *Chaetoderma* zwei federförmige adaptive Kiemen befinden. Die dorsal vom Mitteldarm liegenden, ursprünglich paarigen Gonaden der mit Ausnahme von *Chaetoderma* zwittrigen Tiere haben zwei zu einem großen unpaaren Sack, der zugleich als Perikard ein dorsal liegendes Herz enthält, ziehende Genito-Perikardialgänge.

Abb. 27. Zwei Typen von Solenogastres. *A Myzomenia* (aus Brehm); *B Proneomenia sluiteri*.

Zwei getrennte Gänge führen vom Perikard zum Analraum (Kloake). Da Nieren fehlen, dürfte das Perikard exkretorische Funktion haben. Im Analraum häufig Penisstacheln, die Begattung wurde bei einer Art beobachtet, bei zwei Arten findet sich innere Brutpflege.

Etwa 150 Arten in Tiefen von 18 bis 4000 m in allen Meeren, meist im Stillwasser entweder im Schlamm oder auf ihm kriechend, eine Anzahl Arten auf Hydrozoen und Korallen, von deren Polypen sie leben, während die schlammbewohnenden Arten sich von organischen Resten, Diatomeen und Kleintieren ernähren. Fünf Familien, in der deutschen Nordsee fehlend. Manche Forscher stellen sie noch zu den „Würmern“.

II. Klasse: **Loricata** *(Chitones)*, Käferschnecken

Abgeflachte Mollusken mit einer aus acht Platten bestehenden Schale. Sie wird von zahlreichen Sinnesorganen (Aestheten) durchbohrt und ist von einer mit Kalknadeln und -schuppen besetzten Hautfalte (Perinotum) umgeben. Ventral ein breiter Kriechfuß mit einer zwischen Perinotum und Fuß befindlichen Rinne (Kiemenfurche), in der zahlreiche adaptive Kiemen stehen. Das Nervensystem hat wie bei den Solenogastren einen Schlundring, Buccal- und Subradularganglien, zwei Lateral- (Pleurovisceral-) und zwei Ventral-(Pedal-)Stränge sowie zahlreiche Kommissuren. Mitteldarmdrüse paarig, Darm gewunden. Perikard hinter der unpaaren, mit einer Ausnahme, diözischen Gonade gelegen, die besondere Ausführungsgänge besitzt. Zwei aus dem Herzbeutel hervorgehende, meist verzweigte Gänge dienen als Nieren (Abb. 23).

Kennzeichnend für die Chitonen ist die achtteilige Schale (Abb. 29); jeder Teil derselben besteht im Gegensatz zu der Schale der Conchifera aus vier Schichten[1]), von denen die dritte, das Articulamentum, eine Sonderbildung darstellt und die Beweglichkeit der Schalenstücke zueinander durch am zweiten bis achten Schalenstück vorn gelegene Fortsätze (Apophysen) ermöglicht, an denen Muskeln ansetzen. Ebenso eigenartig sind vom Epithel aus die Schale durchziehende Fortsätze, die mit einer Chitinkappe an der Oberfläche enden (Aestheten) (Abb. 11). Sie können mit lichtbrechenden Einrichtungen und Pigmentbechern versehen sein, sog. Schalenaugen. Bei manchen Arten finden sich über 10000 derartiger Augen. Ihre Funktion ist vermutlich die Wahrnehmung verschiedener Helligkeit (Wassertiefe!), die der Aestheten vielleicht

[1]) Periostracum, Tegmentum, Articulamentum, Hypostracum.

von Druckunterschieden (Wellen in der Gezeitenzone). Auf der Ventralseite liegt, vom Perinotum überdeckt, die vom Kriechfuß abgesetzte Kopfscheibe mit der Mund-

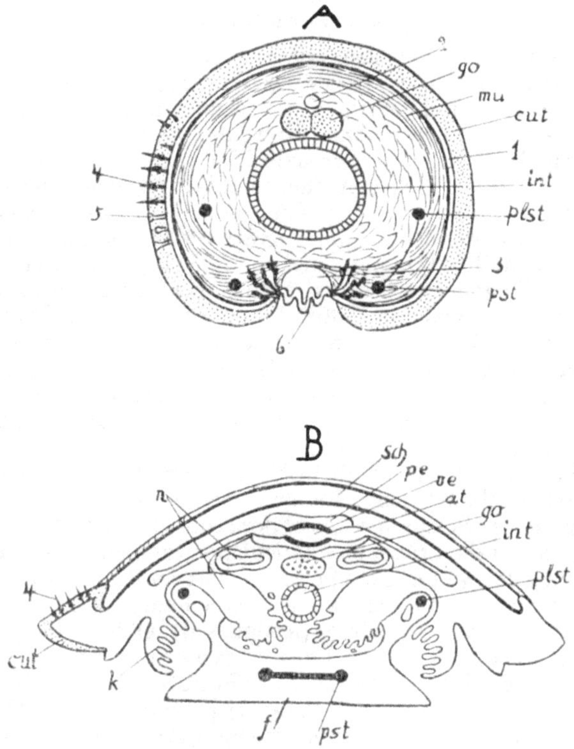

Abb. 28. Querschnitt von Amphineura: *A* eines Solenogastren (nach Nierstrass); *B* eines Chitonen (nach Kükenthal geändert). — *1* Epithel; *2* dorsaler Blutsinus; *3* ventraler Blutsinus; *A 4* Stacheln der Kutikula; *5* Epidermispapillen; *6* Bauchfurche mit Bauchfalten; *B 4* Stacheln des Perinotum; *go* Gonaden; *int* Darm; *mu* Muskeln; *pst* Pedalstrang; *plst* Pleurovisceralstrang; *cut* Kutikula; *sch* Schale; *f* Fuß; *k* Kiemen; *pe* Herzbeutel; *at* Vorhof; *ve* Herzkammer; *n* Niere.

öffnung (Abb. 5). Kräftige Dorsoventralmuskeln, die in den Fuß einstrahlen, bewirken eine für die in der Brandung lebenden Chitonen nötige Saugwirkung, die noch durch das Perinotum und Drüsensekret verstärkt wird. Losgerissene Tiere rollen sich zusammen. Außer den schon genannten Sinnesorganen findet sich ein aus der Mundhöhle vorstülpbares Subradularorgan und bei vielen Formen am After gelegene Atemgeruchsorgane (Osphradien).

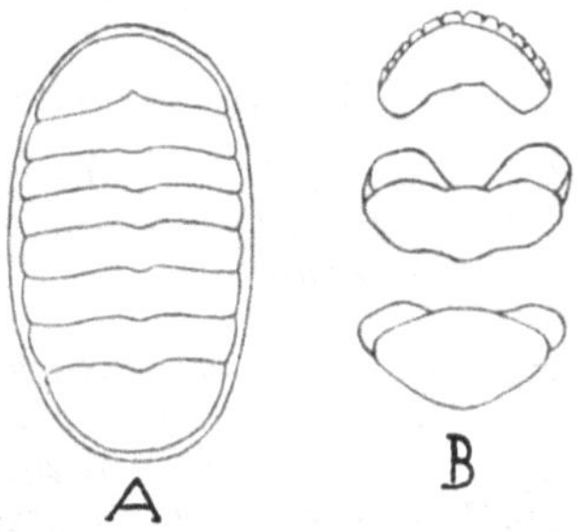

Abb. 29. *A* Dorsalseite eines Chiton (nach Thiele); *B* Schalenstücke von *Acanthopleura* mit Apophysen.

Etwa 1000 Arten, davon etwa 900 in der Brandungszone lebend. Größe von 1 bis 20 cm, Schale oft bunt und mannigfach skulpturiert. Fast sämtliche Arten sind herbivor (Algen, Diatomeen), einige haben Brutpflege, eine ist lebendgebärend.

1. Ordnung: *Lepidopleurina*

Primitivere, auch in der Tiefsee lebende Arten. — *Lepidopleurus asellus*. Deutsche Nordsee.

2. Ordnung: *Chitonina*

mit fünf höher entwickelten Familien. — *Lepidochiton cinereus* (Nordsee). — *Cryptoplax*, wurmförmig mit reduzierten Schalenstücken, in Korallenriffen. — *Cryptochiton*, Schale vom Perinotum überwachsen.

2. Unterstamm: **Conchifera**

Ursprünglich bilateral symmetrische Mollusken mit einheitlicher dorsaler Schale, die meist aus drei Schichten besteht, oder ohne Schale. Haut weich, eine dorsale Hautfalte (Mantel) und Fuß fast stets vorhanden. Im

Nervensystem fast stets eine scharfe Trennung von Ganglien und Nervensträngen und eine Visceralschlinge. Kopfaugen, Kiefer, Radula und Fühler außer bei den Muscheln meist vorhanden.

I. Klasse: **Gastropoda,** Schnecken

Mollusken mit deutlichem Kopf, einer einheitlichen, meist spiraligen Schale, die auch rückgebildet sein oder ganz fehlen kann. Der innere Bau ist asymmetrisch, indem die Schalenmündung, die Mantelhöhle und die mit ihr verbundenen Organe aus ihrer ursprünglichen Lage am Hinterende nach vorn gedreht sind. Der ventrale Kriechfuß ist in einigen Gruppen zum Schwimmfuß umgebildet.

Die Schnecken sind die artenreichste (etwa 95000 Arten) und mannigfaltigen Lebensbedingungen im Meere, Süßwasser und auf dem Lande angepaßte, gestaltlich sehr verschiedene Klasse der Weichtiere. Die für sie charakteristische Asymmetrie kann sehr verwischt und äußerlich kaum noch kenntlich sein, sie zeigt sich aber auch dann noch in der Lage der Geschlechtsöffnung. Der Kopf ist meist deutlich abgesetzt und trägt die Sinnesorgane, Augen und zwei Tentakel *(Prosobranchia, Basommatophora)* oder deren vier *(Opistobranchia, Stylommatophora)*. Die Mundöffnung ist eine einfache Spalte, oder sie liegt auf einer Verlängerung, der Schnauze, oder in einem vorstreckbaren Rüssel. Der Fuß ist bei den kriechenden Formen breit sohlenförmig, bei manchen Vorderkiemern, z. B. *Strombidae,* in einen Vorder- und Hinterfuß (Propodium und Metapodium) gegliedert, so daß sie sich springend bewegen können. Ein Propodium ist auch die kielartige Flosse der schwimmenden Heteropoden (Abb. 4). Primitive Formen, wie *Trochus* und *Haliotis,* haben eine über dem Fuß liegende Epipodialfalte mit Tastern.

Parapodien sind lappenförmige Verbreiterungen der Fußsohle, sie ermöglichen durch schlagende Bewegungen das Schwimmen mancher Tectibranchier, Sacoglossen und vor allem der Pteropoden (Abb. 2). Die Phyllirrhoiden haben keinen Fuß. Bestimmend für die äußere Form der Schnecken ist ferner die des meist spiraligen Eingeweidesacks und des ihn dorsal bedeckenden Mantels. Letzterer bildet die stets einheitliche und meist in einer Conchospirale aufgerollte Schale. Selten bleiben die einzelnen Windungen (Umgänge, Anfractus) frei, z. B. bei *Scalaria pretiosa*, meist berühren sie sich in der Windungsachse, die entweder ein oben geschlossener, unten sich mit dem Nabel (Umbilicus) öffnender Hohlraum oder eine feste Spindel (Columella) ist (Abb. 30). Die Anzahl der Windungen und die Höhe der Gehäuseachse verursachen die außerordentlich verschiedene Form der Schalen, die turmförmig, kugelig, scheibenförmig, bei schneller Breitenzunahme der Windungen ohrförmig sein kann. Bei manchen Formen, z. B. *Cypraea* und *Conus*, werden die inneren Windungen mehr oder weniger resorbiert. Die Spitze (Apex) der Schale wird von der Embryonalschale (Protoconcha) gebildet, sie kann in der Skulptur und Windungsrichtung (Heterostrophie) abweichend sein. Manche Formen, z. B. *Rumina decollata*, einige Clausiliiden, Urocoptiden) ziehen die Spitze des Eingeweidesacks, den meist die Mitteldarmdrüse bildet, aus den ältesten Schalenteilen zurück, bilden eine kalkige Scheidewand und stoßen die Spitze ab (dekollierte Schalen). Durch Verschwinden der unteren Windungen können napfförmige Schalen entstehen, z. B. Napfschnecke *(Patella)*; ihre Symmetrie ist sekundär. Die Mündung der Schale (Apertura) kann durch Falten und Zähne verengt sein, bei Landschnecken wohl zum Schutz gegen Austrocknung und Raubinsekten. Einem Mantelsipho entspricht auch ein Schalensipho.

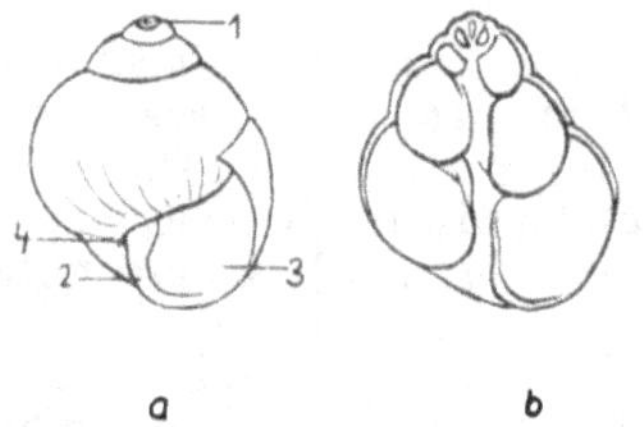

Abb. 30. Schale von *Helix pomatia*. — *a* *1* Apex; *2* Spindel; *3* Mündung; *4* Nabel; *b* Schale durchgeschnitten.

Eine große Mannigfaltigkeit zeigt sich auch in der Skulptur und Farbe der Schalen. Im Sinne des Uhrzeigers gewundene Schalen sind rechtsgewunden, im entgegengesetzten Sinn gewundene sind linksgewunden. Über die Windungsrichtung entscheidet schon die Neigung der ersten Furchungsspindel nach rechts oder links. Bei Schnecken mit linksgewundenen Schalen ist die Lage der asymmetrischen Organe und damit die Mündung des Enddarms, der Geschlechtsorgane und das Atemloch links (situs inversus). Linksgewundene Schalen kommen entweder regelmäßig vor, z. B. bei fast allen Clausiliiden, Planorbiden, Physiden und bei manchen anderen Gattungen und Arten, oder als Ausnahme z. B. bei der Weinbergschnecke *(Helix pomatia)*. Bei solchen Arten, die individuell rechts- und linksgewunden sind, z. B. *Amphidromus*, manche *Partula*, können nur Tiere der gleichen Windungsrichtung miteinander kopulieren[1]).

Bei vielen Formen wächst der Mantel von außen her über die Schale und schließt sie ein. Das hat ihre Reduktion zur Folge, sie wird flach und dünn, in eine kalkige Platte umgewandelt, z. B. bei den Limaciden, oder in Körner aufgelöst, z. B. bei den Arioniden, oder sie geht ganz verloren, z. B. bei Philomyciden, *Pleurobranchaea*, *Titiscania*. Solche von beschalten Formen abstammenden Nacktschnecken heißen sekundäre Nacktschnecken. Durch Abwerfen der Embryonalschale entstehende Nacktschnekken wie die Nudibranchia, gymnosomen Pteropoden, *Pterotrachea*, *Oncidiidae* und *Vaginulidae* sind primäre Nacktschnecken.

Die meisten Prosobranchier, die Hinterkiemer der Familien *Actaeonidae* und *Spiratellidae* und von den Pulmonaten die *Amphibolidae* haben einen die Schalenmündung verschließenden Deckel *(Operculum)*. Er entsteht als Epithelabsonderung des Fußrückens in einer Opercularspalte und ist in seiner Form abhängig von der Mündungsform und seiner Bildungsweise um einen Kern

[1]) E. Degner (1952) stellte erfolgreiche Paarung zwischen rechts- und linksgewundenen Clausilien fest.

(Nucleus). Seine Windungen sind denen der Schale entgegengesetzt. Er kann hornig sein (aus Konchin bestehend) oder kalkig, d.h. aus Konchin und Kalk zusammengesetzt. Das Schließknöchelchen (Clausilium) der *Clausiliidae* ist kein Deckel, sondern eine von Mantelfalten gebildete kalkige, an der Spindel befestigte Platte. Epiphragma ist eine vom Mantelrand abgeschiedene Platte aus erhärtetem Schleim und Kalk, die die Mündung zum Schutz gegen Kälte (z. B. der Winterdeckel der Weinbergschnecke), oder Trockenheit verschließt und wieder abgeworfen werden kann.

Die Haut der Schnecken ist reich an Drüsen. Wichtig sind für die landbewohnenden Schnecken vor allem die Schleimdrüsen, ohne deren Funktion ihre Fortbewegung unmöglich ist. Mucinliefernde Drüsen am Vorderende des Fußes haben wohl alle Gastropoden (Fußdrüse). Der Schleim der Landschnecken nimmt bei Berührung Wasser in großer Menge auf, dieses kann direkt ins Blut übergehen. Wüstenbewohnende Schnecken der Gattung *Eremina* hielten vier Jahre ohne Nahrung und Wasser aus, selbst Landschnecken Mitteleuropas können fast ein Jahr fasten. Bedingung für die Wiederaufnahme der Lebensfunktionen ist ausgiebige Wasseraufnahme; ohne sie kann weder Bewegung noch Nahrungsaufnahme und Verdauung noch Kopulation erfolgen. An der Unterseite des Mantels zwischen Enddarm und Kiemen liegt bei vielen Vorderkiemern die Hypobranchialdrüse, die Schleim und bei manchen Arten ein sich am Licht rot färbendes Sekret (Purpur) erzeugt; s. S. 74. Bei *Aplysia* öffnet sich in die Mantelhöhle die Bohadsche Drüse mit schleimigem, gefärbtem und übelriechendem Sekret (Ekelstoffe zur Abwehr). Auch der oft lebhaft gefärbte Schleim der Nacktschnecken hat seine Bedeutung nicht nur als Schutz gegen Verdunstung und äußere Reize, sondern auch zur Abwehr.

Manchen höheren Prosobranchiern mit sehr langem Rüssel fehlt der Kiefer, ebenso manchen Hinterkiemern und von den Lungenschnecken den räuberischen *Agnatha*

(z. B. *Daudebardia*) und einigen anderen. Auch die für die meisten Mollusken bezeichnende Radula kann fehlen, so bei den entweder parasitierenden oder ihre Nahrung saugend aufnehmenden *Aglossa*. Doch wurde bei einigen Gattungen dieser Gruppe im vorderen Rüsselende ein hohler Stachel festgestellt, der vielleicht einem einzigen Radulazahn entspricht und eine stechend-saugende Nahrungsaufnahme ermöglicht. Die Wichtigkeit der Radula in systematischer Hinsicht, besonders bei den Vorderkiemern, erfordert eine kurze Kennzeichnung der einzelnen Typen. Die Fächerzüngler *(Rhipidiglossa)* haben einen Mittelzahn, wenige Lateral- und zahlreiche fächerförmig angeordnete Marginalzähne; die Balkenzüngler *(Docoglossa)* eine mäßige Anzahl länglich rechteckiger Platten in jeder Querreihe. Die Zahl der Zähne beträgt bei den Bandzünglern *(Taenioglossa)* sieben, ein Mittel-, ein Seitenzahn und zwei Randzähne in jeder Querreihe (Abb. 18). Die räuberischen Schmalzüngler *(Stenoglossa* oder *Rhachiglossa)* haben nur den Mittel- oder Rhachiszahn und einen Seitenzahn und die Giftzüngler *(Toxoglossa)* in jeder Querreihe den rechten oder linken Seitenzahn, der Widerhaken hat und zur Aufnahme des Giftes tütenförmig eingerollt ist; bei den Federzünglern *(Ptenoglossa)* fehlt der Mittelzahn, die anderen zahlreichen pfriemenförmigen Zähne kennzeichnen sie als räuberische Schnecken. Die Radula der Hinterkiemer ist sehr verschieden, selbst innerhalb mancher Familien, aus sehr vielen bis wenigen Zähnen in jeder Querreihe bestehend. Die Pulmonaten haben meist außer einem Mittelzahn noch zahlreiche Zähne in den einzelnen Querreihen ihrer blattförmigen Radula (Abb. 19). Pflanzenfresser nehmen ihre Nahrung meist mit schabender Bewegung ihrer Radula auf, räuberische Formen sind vielfach Schlinger oder Reißer. Planktonfressende Strudler sind *Crepidula* und die beschalten Pteropoden[1]). Der festsitzende *Vermetus gigas* spinnt aus dem Schleim seiner

[1]) Nach neueren Untersuchungen können auch *Bithynia* und *Viviparus* eingestrudelte Partikel ihrer Ernährung nutzbar machen.

Fußdrüse ein Netz aus und zieht dieses dann mit daran hängenbleibenden Kleintieren in den Mund (Schleimnetzsteller). Die *Aglossa* sind Sauger mit sehr langem Rüssel, Pumpvorrichtungen und extraintestinaler Verdauung. An Pflanzenteilen saugen manche *Sacoglossa* und die Doriopsiden.

Parasiten gibt es nur unter den Vorderkiemern. Im Mantel von Seescheiden erzeugt der schalenlose *Sacculus okai* gallenartige Anschwellungen, als Ektoparasiten leben an Stachelhäutern und Muscheln die noch wenig veränderten Arten der Gattungen *Thyca*, *Capulus*, *Mucronalia*, *Odostomia* u.a., als Entoparasiten in Stachelhäutern einige Stiliferiden, die *Entoconchidae*, *Asterophila* und *Ctenosculum*. Einige Ektoparasiten und alle Entoparasiten haben eine kragenförmige Falte (Scheinmantel), die bei den Innenschmarotzern das Tier einhüllt. An den meisten ihrer Organe zeigt sich Reduktion oder völliger Schwund (Fuß, Darm), erhalten bleiben vor allem die oft zwittrigen Gonaden; *Entoconcha* und *Entocolax* haben in ihrem Scheinmantel Zwergmännchen. Die Ontogenie beweist aber ihre Natur als Gastropoden.

Die meisten marinen Schnecken bewohnen das litorale Benthal, besonders der tropischen Meere mit felsigem Untergrund. In und auf Korallen leben, vermutlich als Kommensalen, die Magiliden, *Amphiperas*, *Pedicularia*. Mit unregelmäßigen, wurmförmigen Schalen sind die Vermetiden mit der Unterlage verwachsen. Einige artenarme Familien und manche Gattungen und Arten sind auf die Tiefsee beschränkt. Im Pelagial leben aktiv schwimmend die Heteropoden und Pteropoden; passiv treibend die Phyllirrhoiden, *Glaucus* mit Gasblasen im Darmkanal, die Janthiniden an einem Schleimfloß hängend, dem die Eier angeheftet sind, an treibendem Sargassum *Litiopa* und *Scyllaea*. Durch das Brackwasser wanderten manche Schnecken ins Süßwasser ein, in dem z.B. *Viviparidae*, *Valvatidae*, *Melaniidae* u.a. leben. Landbewohner wurden einzelne Familien von Vorderkiemern (*Cyclophoridae*, *Pomatiasidae*, *Helicinidae* u.a.) und die

Stylommatophora, während die *Basommatophora* fast sämtlich Süß- und Brackwasser bewohnen. Die Landpulmonaten sind zum größten Teil Feuchtlufttiere und daher am artenreichsten in den feuchtwarmen Tropengebieten, wo sie auch als Baumschnecken leben. In trokkenen Ländern kann die Schale mit einem oder mehreren Epiphragmen verschlossen und ein Trockenschlaf gehalten werden.

Während die primitiven Prosobranchier Pflanzenfresser sind, leben die höher entwickelten Formen meist räuberisch oder von Aas. Die Naticiden umfassen Muscheln mit dem sehr großen Propodium, in das durch Wasserporen (Pori aquiferi) Wasser in ein besonderes Lakunensystem aufgenommen wird, und bohren mit der Radula oder bzw. mit Hilfe einer unter dem Rüssel liegenden Bohrdrüse ein kreisrundes Loch in die Schale, durch das sie mit dem Rüssel die Nahrung aufnehmen. Die *Pleurocoela* nehmen tierische und pflanzliche Stoffe auf, die *Aeolidiacea* fressen Coelenteraten, die Veilchenschnecke *Janthina* Staatsquallen der Gattungen *Velella* und *Porpita*. Die Pulmonaten sind überwiegend phytophag, manche Nacktschnecken fast omnivor. Die kleinsten Schnecken *(Punctum, Homalogyra)* sind nur etwa 1,5 mm groß, die größten *(Tritonium, Megalatractus)* bis 50 cm.

Wie bei den anderen Klassen der *Conchifera* folge ich dem von Thiele aufgestellten System und ersetze nur seine Bezeichnung *Stenoglossa* durch *Neogastropoda*. Auf einige vorgeschlagene Abänderungen möchte ich aber hinweisen. Die *Pteropoda* sind vermutlich diphyletisch, eine Trennung in die Ordnungen *Thecosomata* und *Gymnosomata* wäre daher wohl berechtigt. Als eigene Ordnung können wohl die *Acochlidiacea* aufgestellt werden, die ihren nackten Eingeweidesack vom Fuß abgelöst haben und, sonst äußerlich den Nudibranchiern ähnlich, ihr zentrales Nervensystem vor dem Schlundkopf haben. Ferner hat die Auflösung der Unterklasse *Pulmonata* in zwei selbständige Ordnungen *Basommatophora* und *Stylommatophora* manche Gründe für sich. Sie haben sich getrennt aus den Prosobranchiern entwickelt und erstere besitzen in hohem Maße die Fähigkeit zur Hautatmung im Wasser.

Unterklasse: **Prosobranchia**

Gastropoden mit gekreuzter Visceralkommissur, Kiemen vor dem Herzen, stets mit Schale außer *Titiscania*, Deckel meist vorhanden; überwiegend getrenntgeschlechtlich (Abb. 14).

1. Ordnung: *Archaeogastropoda*

Zwei oder eine zweizeilige Kammkieme oder sekundäre Kiemen vorhanden, *Lepeta* ohne solche. Sie haben entweder zwei oder eine Niere und meist zwei Vorkammern. Nervensystem noch mit strickleiterförmigen Pedalsträngen, Radula fast stets rhipidogloss oder docogloss.

Zeugobranchia. Zwei Kiemen. *Pleurotomaria — Haliotis — Fissurella*.

Docoglossa. Mit symmetrischer Schale, adaptiven Kiemen und docoglosser Radula. *Patella — Acmaea*.

Trochacea. Rechte Kieme rückgebildet. *Trochidae — Turbinidae — Neritidae — Helicinidae*.

2. Ordnung: *Mesogastropoda*

Schalenform sehr verschieden, Deckel meist vorhanden, Pedalganglien meist verkürzt, Radula in der Regel taeniogloss. Nur eine einzeilige Kieme und ein Herzvorhof und eine Niere vorhanden; bei einigen landbewohnenden Familien Atmung durch eine Lunge. Im Gegensatz zur 1. Ordnung fast immer mit Penis. Sehr zahlreiche Familien, z.B. *Viviparidae*, *Ampullariidae* (mit Luft- und Wasseratmung), *Valvatidae*, *Hydrobiidae* (bei *Hydrobia ulvae* kommt es durch starken Befall mit Trematodenlarven bei den Weibchen zur Bildung eines funktionsunfähigen Penis).

Weitere Familien und Sippen sind die *Pomatiasidae*, *Littorinidae*, *Solariidae*, *Vermetidae*, *Melaniidae*, ferner die *Ptenoglossa* mit den *Janthinidae* und *Scalidae*, die *Aglossa*, die *Naticidae* und *Cypraeacea*. Die *Heteropoda* (Kielschnecken) haben eine sehr dünne Schale, die bei den *Atlantidae* spiralgewunden, bei *Carinaria* kappenförmig ist und bei *Pterotrachea* ganz fehlt. Das Propodium ist in eine Flosse umgewandelt, die beim Schwimmen nach oben gerichtet ist, der Körper ist gallertig, die Lebensweise pelagisch (Abb. 4). *Strombacea* und *Doliacea*.

3. Ordnung: *Neogastropoda*

Schale meist mit einer Rinne oder einem Sipho, Mantel mit Atemröhre, Nervensystem konzentriert, Radula rhachigloss oder toxogloss, Penis vorhanden. Kieme und Niere wie bei voriger Ordnung. Hierher die *Muricidae* mit den purpurliefernden Arten der Gattungen *Murex* und *Purpura*, die *Buccinidae, Nassidae, Mitridae, Olividae, Volutidae* und andere, sowie die *Toxoglossa*, von denen die *Turridae* noch einen Mittelzahn und eine Basalmembran haben, die *Conidae* nur einen pfeilförmigen Seitenzahn ohne Basalmembran.

2. Unterklasse: **Opisthobranchia**

Euthyneure Gastropoden (Ausnahme Familie *Actaeonidae*) mit meist eingerollter oder reduzierter oder ohne Schale, Deckel fast stets fehlend außer bei *Actaeon* und *Spiratella*. Vorhof und Kieme meist hinter der Herzkammer, als Atemorgane echte Ctenidien oder adaptive Kiemen oder ohne Kiemen. Bis auf wenige Ausnahmen Zwitter (Abb. 2, 16).

Keine Gruppe der Weichtiere ist so mannigfaltig in ihrer Form wie die Hinterkiemer. Als Übergang zu den Vorderkiemern hat *Actaeon* eine getürmte Schale mit Deckel, sein Nervensystem ist streptoneur, die Vorkammer vor dem Herzen. Die Neigung zur Umwachsung der Schale durch den Mantel, im Anschluß daran ihre Rückbildung bzw. ihr Verlust, und zur Annahme äußerer bilateraler Symmetrie und zur Verbreiterung des Fußes bis zur Bildung typischer Parapodien ist für die Hinterkiemer bezeichnend.

Der Verschiedenheit der äußeren Form entspricht auch die Lebensweise und Nahrung. Bis auf wenige Arten im Brackwasser und die Gattung *Acochlidium* im Süßwasser von Amboina und die vom Baikalsee angegebene *Ancylodoris* sind alle Arten marin. Besonders die auf Algen und Schwämmen lebenden *Nudibranchia* sind oft dem Substrat in Form und Farbe angepaßt; mit einem Kopfschild versehene Formen leben auf und im Schlamm, andere auf Tangen und Hohltieren. Schwimmend können sich außer den Pteropoden auch einige Pleurobranchier und *Sacoglossa* bewegen. Die meisten Nudibranchier sind karnivor, die *Pleurocoela* wohl Pflanzenfresser, die beschalten Pteropoden sind Planktonfresser, die nackten Pt. leben von jenen.

1. Ordnung: *Pleurocoela (Tectibranchia)*

Meist mit Schale, Kopfschild und rechts offener Mantelhöhle. Hierher die *Actaeonidae*, *Bullariidae*, *Aceridae* u.a. Familien (U. O. *Cephalaspidea*) und die U. O. *Anaspidea* ohne Kopfschild, z.B. *Aplysia*.

2. Ordnung: *Pteropoda*, Flügelschnecken

Mit einem Paar Flossen durch seitliche Verbreiterung des Fußes. Zu der Unterordnung Thecosomata mit Schale gehören *Clio*, *Cavolinia* u.a. (Abb. 2); eine glashelle, knorpelartige Innenschale (Pseudoconcha) haben *Cymbulia*, *Gleba*. Die U.O. *Gymnosomata* ohne Schale und ohne Mantelhöhle lebt räuberisch, z.B. *Clione*.

3. Ordnung: *Sacoglossa*

Beschalte oder nackte Hinterkiemer mit einem Blindsack am Vorderende der Radula. Algenfresser, schwimmend oder kriechend. *Oxynoe* — *Elysia*.

4. Ordnung: *Nudibranchia*

Ohne Mantelhöhle, selten mit, meistens ohne Schale, Kiemen sehr verschieden gebildet. Hierher gehören außer der U.O. *Notaspidea* mit Schale und Kieme auf der rechten Seite (z.B. *Pleurobranchus*) vor allem die U.O. der schalenlosen Nudibranchia mit zwei Gruppen[1]). Diese sind die *Doridacea (Holohepatica)* mit massiger Mitteldarmdrüse, adaptiven Kiemen um den After, oft auch mit Kalkspikeln in der Haut (*Doris* u.a.) (Abb. 1*B*) und die *Aeolidiacea (Cladohepatica)* (Abb. 1*A*). Sie haben an den Seiten des Rückens meist Anhänge (Cerata), die der Atmung dienen und Zweige der Mitteldarmdrüse enthalten, und bei manchen Formen, z.B. *Aeolidiidae*, auch Nesselkapseln aus der aufgenommenen Nahrung (sog. Kleptokniden), die als Waffen dienen. Freischwimmend leben *Tethys* und *Glaucus*.

3. Unterklasse: *Pulmonata*

Mantelhöhle nur bei einigen Formen mit adaptiver Kieme (z.B. *Miratesta*, *Siphonaria)*, sonst mit einem Blutgefäßnetz; bei manchen Arten, z.B. *Planorbis*, ein Hautlappen als zusätz-

---

[1]) Neuerdings werden die *Nudibranchia* in *Doridacea*, *Dendronotacea*, *Arminacea* und *Aeolidiacea* eingeteilt.

liches Atmungsorgan, ein oder zwei Mantellappen bei *Physa*. Schale meist spiralig, fast immer ohne Deckel, in manchen Gruppen fehlend. Nervensystem euthyneur (Abb. 15).

Radula mit zahlreichen wenig verschiedenen Zähnen; Gonaden zwittrig.

1. Ordnung: *Basommatophora*

Zwei Fühler, Augen an der Basis der nicht retraktilen Fühler. Fast sämtlich Süßwasserbewohner außer den am Strand lebenden *Ellobiidae*. *Amphibolidae, Chilinidae, Physidae, Lymnaeidae, Planorbidae, Ancylidae.*

2. Ordnung: *Stylommatophora*

Vier einstülpbare Fühler, Augen an den Enden der oberen Fühler. Landbewohner, sehr zahlreiche Familien, z.B. *Oncidiidae, Vaginulidae, Succineidae, Vertiginidae, Clausiliidae, Testacellidae* (Kiefer mit dolchförmigen Zähnen, Schale sehr klein, subterran von Regenwürmern lebend), *Thyrophorellidae* mit *Thyrophorella*, deren Schale durch einen lappenförmigen, gelenkig verbundenen Teil des oberen Mündungsrandes verschließbar ist; *Zonitidae, Pleurodontidae* mit baumbewohnenden und ihre Eier in ein Blattnest ablegenden Arten der Gattung *Amphidromus*, *Fruticicolidae*, *Helicidae*, *Ariophantidae* u.a.

2. Klasse: **Scaphopoda** *(Solenoconchae)*, Röhrenschaler

Sie bilden eine etwa 300 lebende Arten umfassende, morphologisch zwischen Muscheln und Schnecken vermittelnde Gruppe von Weichtieren mit bilateral-symmetrischem Körper, einer einheitlichen röhrenförmigen Schale, einem Grabfuß, mit Kiefer und Radula; Augen und Kiemen fehlen, Geschlechter getrennt.

Die vorn und hinten offene, gebogene Schale ähnelt einem Elefantenzahn oder ist kurz spindelförmig, die ventrale Seite ist konvex (Abb. 8, 31).

Der sie bildende Mantel ist bis auf die mit Ringmuskelwülsten versehenen Öffnungen an beiden Enden geschlossen und läuft hinten in einen löffelförmigen Fortsatz mit unbekannter Funktion aus. Am Vorderende der Weichteile befindet sich ein vorstreckbarer zylindrischer Fuß, der bei den Dentaliiden mit zwei seitlichen Lappen versehen ist, bei den Siphonodentaliiden in eine am Rand zahnradförmig gezackte Endscheibe ausläuft. Im Kopf liegt an einem schnauzenförmigen Vorsprung der von einigen blattförmigen Anhängen umgebene Mund, hinter ihm gehen von zwei seitlichen Leisten zwei Büschel kontraktiler Fäden aus, die Captacula, die mit Muskeln, Nerven und Klebdrüsen versehen zum Erwerb der vorwiegend aus Foraminiferen bestehenden Nahrung dienen (Abb. 8, 31*B*). Durch am Hinterende der Schale ansetzende Muskeln kann der Körper in die Schale zurückgezogen werden. Vor der Radula liegt ein sensibles Subradularorgan. Der Magen ist kaum abgesetzt, die Mitteldarmdrüse zweilappig, ihre Funktion wohl resorbierend, der Enddarm gewunden und mit einem verzweigten Rektalanhang versehen, dessen Funktion als Wasserlunge umstritten ist. Der After mündet hinter dem Fuß in die Mantelhöhle, Faeces und Geschlechtsprodukte werden durch die hintere Schalenöffnung entleert. Die Atmung erfolgt durch die innere Manteloberfläche. Im Gegensatz zu den übrigen Mollusken besteht keine Verbindung zwischen dem Herzbeutel und den Nieren, letztere sind paarig und entleeren sich jederseits neben dem After.

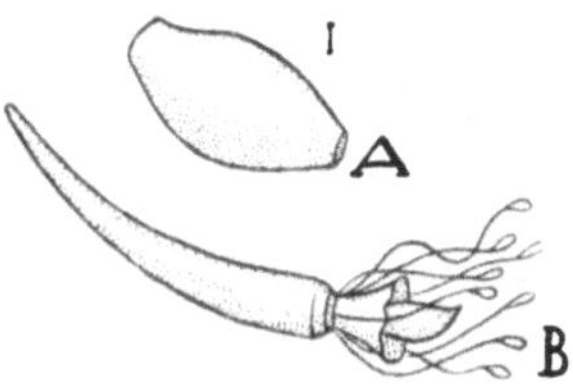

Abb. 31. Zwei Scaphopoda: *A Cadulus*, *B Dentalium* mit Fuß und Fangfäden (aus Buchner nach Martens).

Alle Scaphopoden sind marin und graben im sandigen oder schlammigen Boden. Viele Arten, unter ihnen die größten (bis 12 cm lang), leben in der Tiefsee. Zwei Familien, *Dentaliidae* mit *Dentalium*, *Siphonodentaliidae* mit den Gattungen *Entalina*, *Siphonodentalium* und *Cadulus* mit kurz spindelförmiger, oft nur wenige Millimeter messenden Schale (Abb. 32*A*).

III. Klasse: **Bivalvia** *(Lamellibranchia, Acephala, Pelecypoda)*, Muscheln

Die Muscheln sind gekennzeichnet durch ihren bilateral symmetrischen Bau und ihre aus zwei Hälften (Schalenklappen) bestehende Schale sowie das Fehlen eines Kopfes. Sie entbehren des Schlundkopfes und der Radula und damit des Buccalnervensystems.

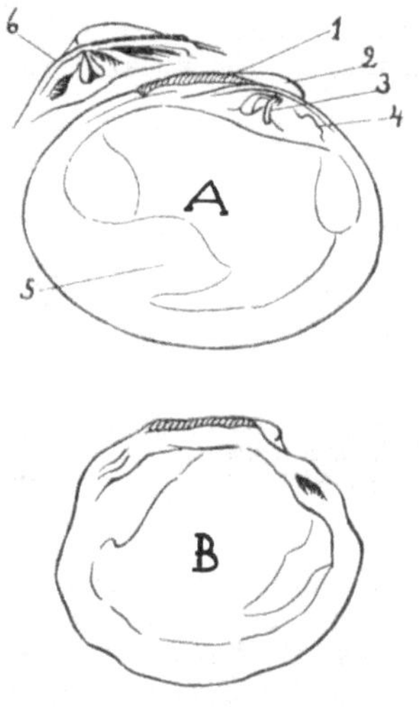

Abb. 32. Schalen von zwei Muscheln. — *A Cytherea chione*, sinupalliat. *1* Band; *2* Wirbel; *3* Hauptzahn; *4* Seitenzahn; *5* Mantelbucht der linken Schale; *6* Schloß der rechten Schale. *B Lucina jamaicensis*, integripalliat, linke Schale.

Die Schalen sind meist symmetrisch, bei festgewachsenen Formen (z. B. *Ostrea, Spondylus, Chama*) ist die untere, am Boden befestigte meist gewölbter als die obere, morphologisch sind sie als rechte und linke Klappe zu bezeichnen im Gegensatz zur dorsoventralen Schale der Brachiopoden. Ein elastisches, dorsales Band (Ligament) verbindet beide Hälften, die ältesten Teile der Schale heißen Wirbel (Umbones) (Abb. 32). Außerdem haben vor allem die in der Brandung oder Strömung lebenden Formen am inneren dorsalen Schalenteil ein aus Zähnen und Zahngruben bestehendes Schloß (Cardo), das ein Verschieben der beiden Hälften verhüten soll und für die Systematik wichtig ist. Die Schalen entsprechen in ihrer Form dem Mantel, der sie bildet, und der die Kiemen, Eingeweide und den Fuß umgibt. In einigen Fällen schlägt sich der Mantel ventral über die Schale *(Galeommatidae)* oder umgibt sie ganz *(Chlamydoconcha)*. Auf der Innenfläche der Schale sind als vertiefte Narben die Stellen zu erkennen, an denen die Schließmuskeln ansetzen, meist zwei, ein vorderer und ein hinterer *(Dimyaria)*; selten sind sie ungleich groß, indem der vordere verkümmert *(Anisomyaria*, z.B. bei *Mytilus)*, oder es ist nur einer vorhanden, und zwar der hintere *(Monomyaria)*, z.B. bei *Ostreidae* und *Pectinidae*. Am dorsalen Schalenrand befinden sich Narben durch den Ansatz der Vor- und Zurückzieher des Fußes. In ihrer Funktion sind die Schließmuskeln Antagonisten des Bandes, das beim Erschlaffen der Muskeln und daher bei toten Tieren die Schale öffnet. Parallel zum Schalenrand verläuft die Mantellinie als Ansatzstelle der den Mantelrand an ihm befestigenden Muskelfasern. Für die Systematik und auch die Beurteilung der Lebensweise wichtig ist das Vorhandensein oder Fehlen einer im hinteren Teil der Schale sichtbaren Einbuchtung (Sinus) der Mantellinie, die den Ansatz der Retraktoren der Siphonen bezeichnet. Man unterscheidet demnach *Sinupalliata* und *Integripalliata*. Der Mantel hüllt den seitlich komprimierten Körper ein. Seine Ränder können mehr oder weniger verwachsen sein; meist befindet sich hinten dorsal eine Verwachsung, die eine obere Öffnung zur Entfernung des verbrauchten Wassers, der Faeces und Geschlechtsprodukte (Ausströmungsöffnung) von einer unteren zur Aufnahme des Atemwassers und der Nahrung trennt (Einströmungsöffnung). Beide können zu getrennten oder verbundenen Röhren (Siphonen) ausgezogen sein. Bei noch weiterer Verwachsung der Mantelränder bleibt eine dritte Öffnung für den Austritt des Fußes (Abb. 33). Wenn sich, wie es

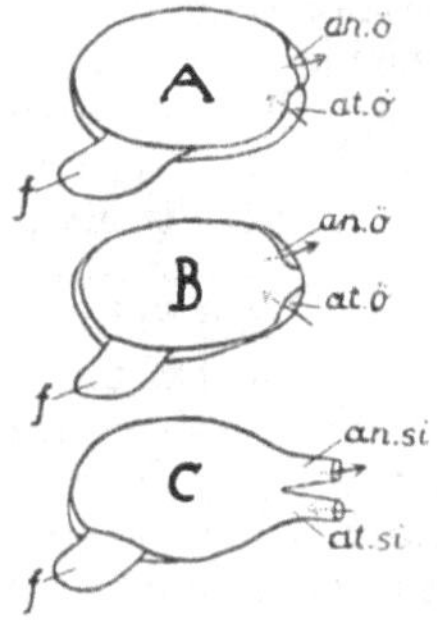

Abb. 33. Verschiedene Fälle von Verwachsung der Mantelränder und Siphonenbildung bei Muscheln (nach Lang). — *at ö* Einfuhr-, *an ö* Ausfuhröffnung resp. Sipho; *f* Fuß.

bei den meisten Muscheln der Fall ist, auch eine Verwachsung der inneren Kiemenblätter hinter dem Fuß bildet, entsteht eine obere und untere Kammer der Mantelhöhle (Abb. 21*C*). Das Atemwasser und mit ihm die Nahrung tritt durch die untere Mantelöffnung bzw. den unteren Sipho infolge der Wimperung der Kiemenoberfläche in die Mantelhöhle, durchströmt die Kiemen, wobei zugleich durch Wimperzüge dem Mund die Nahrung zugeführt wird, und verläßt sie durch die obere Mantelöffnung bzw. den oberen Sipho. In der Gruppe der die Tiefsee bewohnenden *Poromyacea* bildet sich in der Mantelhöhle ein horizontales Septum mit kleinen Sieben oder Löcherreihen an Stelle der Kiemen *(Septibranchia)* (Abb. 21 *D*). Bei ihnen dürfte vor allem der Mantel der Atmung dienen. Der Fuß, sehr häufig beilförmig zum Einwühlen in Sand und Schlamm, kann auch wurmförmig sein *(Lucinidae)* oder geknickt und dann durch stoßweises Abstemmen vom Untergrund eine springende Bewegung ermöglichen, z. B. bei *Cardium* und *Mactra*. Besonders bei festsitzenden Formen erzeugt eine im ventralen Teil des Fußes liegende Drüse ein fädiges Sekret (Byssus), das zur Verankerung dient. Festgewachsene oder in Röhren lebende Arten haben einen sehr reduzierten oder keinen Fuß, z.B. die *Ostreidae* und ebenso die mit ihnen nicht verwandten, aber morphologisch sehr ähnlichen *Aetheriidae* in den Stromschnellen tropischer Flüsse.

Infolge ihrer Nahrungsaufnahme durch Wimperung der Kiemen und Palpen, also als Strudler, sind alle Muscheln, von denen etwa 20000 lebende Arten bekannt sind, Wasserbewohner. Eine abweichende Art der Nahrungsaufnahme haben einige Formen mit langen und getrennten Siphonen wie z.B. *Scrobicularia* und *Tellina*, die als „Pipettierer“ mit dem Atmungssipho den Schlamm abtasten und organischen Detritus aufnehmen, und einige Arten mit Mundlappenanhängen, wie die Nuculiden und *Yoldia*, die Schlamm und Nahrungsteilchen in bewimperten Rinnen der oben genannten Anhänge, die den anderen Muscheln fehlen, zum Munde führen. Der After liegt in der Regel über dem hinteren Schließmuskel. Bei *Tridacna* wurde Symbiose mit in hyalinen Sinnesorganen des Mantelrandes lebenden Zooxanthellen festgestellt, die von Blutkörperchen verdaut werden. Alle Muscheln sind wenig

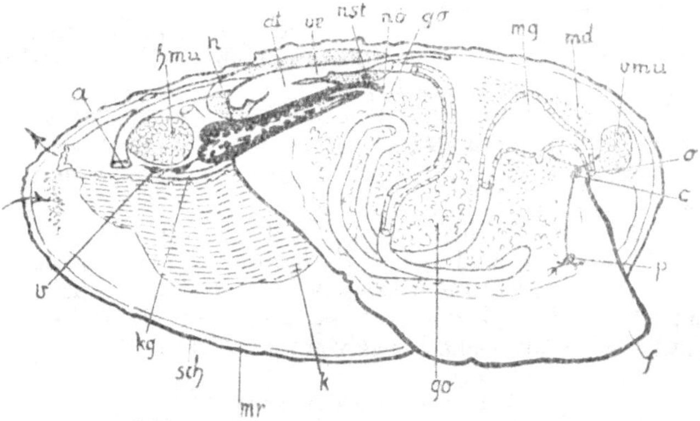

Abb. 34. Anatomie von *Anodonta* (nach Kükenthal). — *o* Mund; *mg* Magen; *md* Mitteldarmdrüse; *a* After; *vmu*, *hmu* vorderer bzw. hinterer Schließmuskel; *f* Fuß; *sch* Schale; *mr* Mantelrand; *k* Kieme; *kg* Kiemengang; *at* Herzvorhof; *ve* Herzkammer; *n* Niere; *nö* Nierenöffnung; *nst* Nephrostom; *go* Gonade; *gö* Gonadenöffnung; *c* Cerebral-, *p* Pedal-, *v* Visceralganglion. Originalzeichnungen von Frau Ch. Jaeckel sind die Abb. 5, 27*B*, 29*B*, 30, 31, 32*A*.

beweglich, nur die Pectiniden und Limiden schwimmen durch Ausstoßen von Wasser aus der Schale nach dem Rückstoßprinzip. Sonst ist die Bewegung kriechend oder grabend. Besonders in tiefem Schlamm lebende Formen haben sehr lange, die Oberfläche des Bodens erreichende Siphonen, meist dünne Schalen und oft ein reduziertes Schloß. Manche Gattungen bohren in festen Körpern, und zwar mechanisch mittels ihrer Schale, in Gesteinen, Torf und Holz (*Pholas*, *Petricola*, *Gastrochaena*, *Teredo* u.a.), oder chemisch durch Säureausscheidung aus dem Mantel (*Lithophaga*, *Lithodomus* u.a.). *Musculus marmoratus* lebt im Mantel von Seescheiden, *Vulsella* in Schwämmen, beide vermutlich als Synöken. Kommensalen bzw. Parasiten an Stachelhäutern finden sich unter den *Erycinacea*, z. B. *Devonia*, *Entovalva*. Nester aus mit dem Byssus versponnenen Fremdkörpern bauen *Lima*, *Modiola*, *Crenella* usw. Festgewachsen auf Felsen und Holz sind *Ostrea*, *Spondylus*, *Pteria*, *Chama*.

Die Keimdrüsen sind paarig und symmetrisch, liegen meist zwischen Mitteldarmdrüse und Leibeswand und sind ursprünglich und meist diözisch.

Die überwiegende Zahl lebt im Meere, ins Süßwasser eingewandert sind vor allem die unter dem Sammelnamen „Najaden" zusammengefaßten *Unionacea*, die *Cyrenacea* (z. B. *Sphaerium*, *Pisidium*, *Cyrena*, *Corbicula*) und die *Dreissenidae*. Für die Tiefsee bis etwa 5000 m bezeichnende Formen sind die *Kellyellidae*, die *Poromyacea*, manche *Nuculidae* und *Pectinidae*. Während die kleinsten Muscheln nur 1,5 mm groß sind, erreicht die Riesenmuschel *Tridacna* eine Länge von über 100 cm.

1. Ordnung: *Taxodonta*

Schloßrand mit mehr oder weniger zahlreichen gleichen Zähnen, meist zwei Schließmuskeln. Hierher die protobranchiaten *Nuculacea* mit Kriechsohle und Tastern an den Palpen (*Nucula*, *Leda*, *Yoldia*) und die *Arcacea* mit *Arca* und *Glycymeris*.

2. Ordnung: *Anisomyaria*

Vorderer Schließmuskel verkleinert oder verschwunden, Schloßzähne meist wenig ausgebildet. *Ostrea*, *Pecten*, *Mytilus*, *Lithodomus*, *Pteria*.

3. Ordnung: *Eulamellibranchiata*

Schloßrand mit einigen unter dem Wirbel stehenden Hauptzähnen und lamellenförmigen Seitenzähnen, bisweilen Rückbildung aller Zähne, fast stets zwei Schließmuskeln, hochentwickelte Kiemen. In diese artenreichste Ordnung gehören mehrere Unterordnungen.

In der aus Süßwassermuscheln bestehenden Sippe *Unionacea* entwickeln sich die Eier in Bruttaschen (Marsupium) der Kiemen. Die Larven parasitieren eine Zeitlang als Glochidien an

Fischen. Das zweiklappige Glochidium hat einen larvalen Schließmuskel, einen langen Faden von byssusartiger Substanz und am Rand je einen Schalenhaken. Mit diesem hält sich die Larve an den Flossen und Kiemen von Fischen fest; durch den Reiz bildet sich eine Zyste, in der die Entwicklung weiter geht. *Margaritana, Unio, Anodonta.* Ferner die Sippen *Dreissenacea, Cardiacea* mit *Cardium, Veneracea, Tellinacea,* die *Tridacnidae.* Die *Adesmacea* haben ein rückgebildetes Ligament und zahnlosen Schloßrand. Der vordere Schließmuskel setzt außen an der Schale an akzessorischen Schalenstücken an und wirkt als Antagonist des hinteren. Sie bohren durch raspelnde Bewegungen der Schale. *Pholas*; *Teredo* und andere Gattungen im Holz bohrend und mit Zelluloseverdauung. Die Schale ist klein, die lange Kalkröhre eine Bildung des Mantels. Zu den *Poromyacea* gehören die *Septibranchia* als Tiefseebewohner, die tierische Stoffe als Brocken durch Saugwirkung des Septums aufnehmen.

IV. Klasse: **Cephalopoda,** Kopffüßer

Symmetrische Weichtiere mit einer inneren Schale oder schalenlos, nur *Nautilus* mit äußerer Schale; Fuß in einen zur Bewegung dienenden Trichter und Fangarme umgewandelt, Kopf gut entwickelt mit Kiefern und fast stets mit Radula. Um den Mund stehen mit Saugnäpfen oder Haken versehene Fangarme, die nicht nur zum Nahrungserwerb, sondern auch zur Bewegung dienen. In der Mantelhöhle liegen vier bzw. zwei Kiemen, die Mündungen der paarigen Nieren, der unpaaren, stets getrenntgeschlechtlichen Keimdrüse und der After. Die Männchen haben meist an einem Fangarm Einrichtungen zur Übertragung der Spermatophoren.

Die Kopffüßer sind infolge ihres hochentwickelten Nervensystems, ihrer vorzüglichen Sinnesorgane und ihrer Beweglichkeit die höchststehenden Mollusken. Diese Eigenschaften stehen im Zusammenhang mit ihrer räuberischen Lebensweise. Das Blutgefäßsystem ist besser ausgebildet als bei den übrigen Weichtieren; s. S. 38/39.

Auch das Zölom ist geräumiger. Bei den Decapoden umfaßt es die zentralen Blutgefäße, Nierensäcke, Gonaden, Perikard und die Perikardialdrüsen (Kiemenherzanhänge). Das Zölom von *Nautilus* umgibt den Magen, die Leber und die Keimdrüse und es hängt mit dem Herzbeutel zusammen, in den die Perikardialdrüsen eingestülpt sind. Bei den Octopoden ist das Perikard rückgebildet, zwei „Wassergefäße" führen vom Genitalzölom zu Säckchen, die die Kiemenherzanhänge umgeben. *Nautilus* hat im Gegensatz zu den *Dibranchia* keine Verbindung zwischen Zölom und Nieren. Alle Arten sind marin, die kleinsten *(Idiosepius)* nur etwa 2 cm lang, die größten *(Architeuthis)* etwa 18 m.

1. Unterklasse: *Tetrabranchia*

Kopffüßer mit äußerer symmetrischer Schale, die durch Scheidewände (Septen) gekammert ist und von einem Fortsatz des Körpers (Sipho) durchzogen wird. Die Leibeshöhle setzt sich in den Weichteilsipho fort, der Blutgefäße enthält und von einem verkalkten Schalensipho umkleidet wird. Das Epithel des Siphos scheidet ein Gas ab, das reicher an Stickstoff sein soll als die Luft. Schalenkammern und Sipho dürften also als hydrostatischer Apparat dienen. Die Schale ist im Gegensatz zu allen spiraligen Schneckenschalen nach vorn eingerollt (exogastrisch), so daß die Bauchseite nach außen gekehrt ist. Das Tier bewohnt nur die letzte Kammer (Wohnkammer). Um den mit kräftigen Kiefern bewehrten Mund stehen zwei Kränze von Tentakeln, die im Gegensatz zu denen aller anderen Kopffüßer aus retraktilen Zirren mit Haftpolstern (statt Saugnäpfen) und einer basalen Scheide bestehen. Der äußere Kranz hat 38, von denen die beiden ersten dorsalen mit ihren Scheiden eine derbe Kopfkappe bilden, die bei in die Schale zurückgezogenem Tier ihre Öffnung fest verschließt. Der innere Kranz hat beim Weibchen 44–52, beim Männchen ebensoviel z. T. kleinere Zirren, von denen sich beim letzteren ein Teil zu Begattungsorganen (Spadix und Antispadix) umbildet. Die Zahl der Zirren beträgt also 82–90. Der Trichter ist nur rohrförmig eingerollt, seine Ränder sind also nicht verwachsen (Abb. 22). In die Mantelhöhle mündet der After, der Enddarm hat keinen Tintenbeutel, ferner befinden sich in ihr vier Kiemen und entsprechend den vier vorhandenen Nieren auch vier Nierenöffnungen. Die engen Beziehungen zwischen Kiemen und Herzen zeigen sich auch im Vorhandensein von vier Kiemengefäßen und vier Herzvorhöfen. Die einheitliche Gonade hat nur einen (rechten) Ausführungsgang. Die Entwicklung ist noch unbekannt.

Nautilus lebt von Krebsen und Aas und ist ein Grundbewohner in Tiefen von etwa 100 m, seine Schwimmfähigkeit ist gering. Die wenigen lebenden Arten (4 bzw. 6) finden sich im Gebiet von den Molukken und Philippinen bis zu den Fidschiinseln.

2. Unterklasse: *Dibranchia*

Im Gegensatz zu den Tetrabranchia haben die Zweikiemer nie eine äußere Schale, sie ist, wie bei vielen Schnecken, vom Mantel überwachsen und daher meist reduziert.

Spirula hat eine spiralgewundene, gekammerte Schale mit Sipho; sie ist jedoch im Gegensatz zu der von *Nautilus* ventralwärts eingerollt (endogastrisch) und innerlich. Eine kalkige, blättrige, innere Schale (Schulp) hat *Sepia*, alle anderen Di. haben entweder hornige Schalen (Gladius) oder keine. Am Kopf stehen acht oder zehn Fangarme mit Saugnäpfen oder Haken. Die Hautsäume zwischen den Armen sind bei manchen Formen, z.B. *Histioteuthis* und bei den Cirroteuthiden, sehr verbreitert und können sich bis zu ihren Enden erstrecken. Sie werden vermutlich beim Schwimmen und vielleicht auch beim Nahrungserwerb eine Funktion haben und bilden zusammen die Umbrella. Die Kopfkappe von *Nautilus* fehlt. Der Trichter ist zu einem Rohr verwachsen. Der Mantel ist sehr muskulös und unterstützt die Atmung und Bewegung, an ihm haben die meisten C. seitliche Flossen. Morphologisch entspricht das Ende des Eingeweidesacks der Spitze des Rückens und damit die physiologische Oberseite des schwimmenden Tieres der vorderen, die scheinbare Bauchseite der hinteren Fläche des Rükkens. Die Mantelhöhle umschließt den hinteren Teil des Trichters, zwei Kiemen, die Öffnung des Enddarms mit dem von ihm aus entstandenen Tintenbeutel und der beiden Nieren und Gonaden. Nervensystem und Augen s.S. 27, 17. Sie erreichen bei den Cephalopoden absolut und relativ die größten Maße, bei dem Riesentintenfisch *Architeuthis* bis 40 cm Durchmesser. Zum Schutz des Gehirns dient eine Knorpelkapsel, ein besonderes Arm- und Mantelganglion haben nur die Di. Zwischen Ggl. opt. und der Wand der Knorpelkapsel liegt der „Weiße Körper", der innersekretorische Funktionen haben und als „Blutdrüse" dienen soll. Zum Vorderdarm gehören zwei Kiefer und fast stets eine Radula, paarige Speicheldrüsen und Giftdrüsen s. S. 31. Eine Besonderheit der Di. sind die an den zuführenden Kiemengefäßen liegenden beiden Kiemenherzen, die auch bei *Nautilus* vorhandenen Kiemenherzanhänge (Perikardialdrüsen) sollen exkretorisch wirken. Die Geschlechter sind wie bei *Nautilus* immer getrennt, die weiblichen Gonodukte häufig paarig. Die ursprüngliche Bewegung der Zweikiemer ist das Schwimmen durch den Rückstoß des aus dem Trichter ausströmenden Wassers. Sie erfolgt zwar gewöhnlich mit dem Hinterende voran, kann aber durch Biegungen des Trichters beliebig geändert werden. Bei dem pelagisch lebenden *Stenoteuthis bartrami* ist der Rückstoß so groß, daß er das Tier über den Meeresspiegel schleudern kann. *Stoloteuthis* bewegt sich ähnlich wie die Pteropoden durch flatternde Bewegungen der Flossen. Die Octopoden sind mehr bodenbewohnende Tiere, die mit ihren Armen kriechen. Viele Decapoden sind Bewohner der Hoch- und Tiefsee, z.T. mit besonderen Einrichtungen (vergrößerte Augen, Leuchtorgane). Bei der Tiefseeform *Heteroteuthis* wird — wohl zur Ablenkung von Feinden — ein Leuchtstoff in grünlichen Kugeln entleert. Die Haut der Tintenfische zeigt durch die mit radiären Muskeln versehenen Chromatophoren lebhaften Farbwechsel, außerdem finden sich in ihr Flitterzellen (Iridocyten).

Die Nahrung bilden Fische, Krebse und Weichtiere, auch Artgenossen. Der nur 12 cm lange *Chiroteuthis veranyi* hat Fangarme von 1 m Länge mit Klebdrüsen und ernährt sich von Plankton; die Ernährung mancher kieferlosen Tiefseeformen mit Umbrella dürfte gleichfalls mikrophag sein. Das Weibchen von *Octopus vulgaris* bewacht seine Eier und versorgt sie durch seinen Trichter mit frischem Wasser, die eingerollten Dorsalarme von *Tremoctopus* dienen als Brutraum.

1. Ordnung: *Decapoda (Decabrachia)*[1])

Tintenfische mit 10 Kopfarmen, von denen zwei längere, mit einer Endkeule versehene, in Taschen zurückgezogen werden können (Tentakel). Die Saugnäpfe sind gestielt, bilateral symmetrisch und mit Konchinringen bewehrt. Mantel mit Flossen (Abb. 7).

Unterordnung: *Teuthoidea* mit den *Oegopsida* (vordere Augenkammer offen), z.B. *Architeuthis*, *Chiroteuthis*, und

[1]) *Decabrachia* und *Octobrachia* von C. R. Boettger vorgeschlagene Namen, da *Decapoda* auch Bezeichnung für gewisse Krebse.

Myopsida (vordere Augenkammer fast geschlossen), z.B. *Loligo*, pelagisch lebend.

Unterordnung: *Sepioidea*. *Sepia* benthonisch, *Spirula* bathypelagisch.

2. Ordnung: *Octopoda (Octobrachia)*

Acht Fangarme mit runden sitzenden Saugnäpfen, Schale rudimentär oder fehlend, Körper plump.

Unterordnung: *Cirrata*. Arme mit Zirren und Umbrella, Flossen vorhanden. Hectocotylus und Tintenbeutel meist fehlend, z.B. *Cirroteuthidae*.

Unterordnung: *Incirrata*. Arme ohne Zirren, Mantel ohne Flossen.

Octopus. *Argonauta*, Zwergmännchen mit sich ablösendem Hectocotylus, Weibchen mit einer von den verbreiterten Endlappen der dorsalen Arme gebildeten, als Brutbehälter dienenden Schale. *Tremoctopus*, *Ocythoe*.

LITERATUR

Ankel, W.: Prosobranchia. (Die Tierwelt der Nord- und Ostsee) Leipzig 1936.

Benthem-Jutting, v.: Scaphopoda. (Die Tierwelt der Nord- und Ostsee) Leipzig 1926.

Böhmig, L.: Das Tierreich 6, Leipzig 1909. Sammlung Göschen.

Boettger, Caesar R.: Basommatophora. (Die Tierwelt der Nord- und Ostsee) Leipzig 1944.

Brehms Tierleben. Bd. 1 (Niedere Tiere), 1918.

Bronns Klassen und Ordnungen des Tierreichs. V. Mollusca. Leipzig.

Claus, C., und Grobben, K.: Lehrbuch d. Zoologie. 3. Aufl., Marburg 1917.

Franz, V.: Geschichte der Organismen. Jena 1924.

Haas, F.: Lamellibranchia. (Die Tierwelt der Nord- und Ostsee) Leipzig 1926.

Herter, K.: Tierphysiologie. (Sammlung Göschen) Berlin-Leipzig 1927.

Hertwig, R.: Lehrbuch d. Zoologie. Jena 1912.

Hesse, R., und Doflein, F.: Tierbau und Tierleben. Jena 1935.

Hoffmann, H.: Opisthobranchia, Pteropoda. (Die Tierwelt der Nord- und Ostsee) Leipzig 1926.

Hoffmann, H.: Gastropoda. Handwörterb. d. Naturwiss. 6, S. 690—714, 1934.

Hoffmann, H.: Mollusca, in: Handbuch d. Biologie, VI, H. 6, Potsdam 1950.

Lang, A.: Lehrbuch d. vergl. Anatomie der wirbellosen Tiere, 2. Aufl.: Hescheler, K. (Mollusca). Jena 1900.

Meisenheimer, J.: Geschlecht und Geschlechter. Jena 1921.

Meyer, V.: Tintenfische. Leipzig 1913.

Naef, A.: Cephalopoda. Handwörterb. d. Naturwiss. 2, S. 293—309, 1933.

Nierstrass, H. J., und Hoffmann, H.: Aculifera. (Die Tierwelt der Nord- und Ostsee) Leipzig 1929.

Thiele, J.: Solenogastres. Mollusca (Handb. d. Zoologie, Kükenthal-Krumbach) Leipzig 1926.

Thiele, J.: Handbuch der systematischen Weichtierkunde. Jena 1931 bis 1935.

Thiele, J.: Bivalvia. Handwörterb. d. Naturwiss. 1, S. 996—1009, 1931.

Thiele, J.: Loricata. Handwörterb. d. Naturwiss. 6, 1932.

Thiele, J.: Mollusca. Handwörterb. d. Naturwiss. 6, S. 1679—1683, 1932.

Thiele, J.: Scaphopoda. Handwörterb. d. Naturwiss. 8, S. 997—999, 1933.

Thiele, J.: Solenogastres. Handwörterb. d. Naturwiss. 9, S. 144—146, 1934.

Weesenberg-Lund, C.: Biologie d. Süßwassertiere. Wien 1939, J. Springer.

Archiv f. Molluskenkunde. Frankfurt a. M.

NAMEN- UND SACHVERZEICHNIS

GESAMTVERZEICHNIS

SAMMLUNG GÖSCHEN

DAS WISSEN DER WELT IN KURZEN, KLAREN, ALLGEMEINVERSTÄNDLICHEN EINZELDARSTELLUNGEN NACH DEN LEHRPLÄNEN DER DEUTSCHEN UNIVERSITÄTEN UND HOCHSCHULEN AUFGEBAUT

JEDER BAND DM 2,40

DOPPELBAND DM 4,80

STAND NOVEMBER 1954

WALTER DE GRUYTER & CO.

BERLIN W 35

INHALTSVERZEICHNIS

Geisteswissenschaften

Philosophie · Pädagogik · Psychologie · Soziologie

Einführung in die Philosophie von *H. Leisegang.* 2. Auflage. 145 Seiten. 1953 . . . . Bd. 281

Erkenntnistheorie von *G. Kropp.* 1. Teil: Allgemeine Grundlegung. 143 Seiten. 1950 . . . . Bd. 807

Hauptprobleme der Philosophie von *G. Simmel*†. 7., unveränd. Auflage. 177 Seiten. 1950 . . . . Bd. 500

Geschichte der Philosophie

I: Die griechische Philosophie von *W. Capelle.* 1. Teil. Von Thales bis Leukippos. 2., erweiterte Auflage. 135 Seiten. 1953 . . . . Bd. 857

II: Die griechische Philosophie von *W. Capelle.* 2. Teil. Von der Sophistik bis zum Tode Platons. 2., stark erweiterte Auflage. 144 Seiten. 1953 . . . . Bd. 858

III: Die griechische Philosophie von *W. Capelle.* 3. Teil. Vom Tode Platons bis zur Alten Stoa. 2., stark erweiterte Auflage. 132 Seiten. 1954 . . . . Bd. 859

IV: Die griechische Philosophie von *W. Capelle.* 4. Teil. Von der Alten Stoa bis zum Eklektizismus im 1. Jahrhundert v. Chr. 2., stark erweiterte Auflage. 132 Seiten. 1954 . . . . Bd. 863

V: Die Philosophie des Mittelalters von *J. Koch.* In Vorbereitung . . . . Bd. 826

VI: Von der Renaissance bis Kant von *K. Schilling.* 234 Seiten. 1954 . . . . Bd. 394/394a

VII: Immanuel Kant von *G. Lehmann.* In Vorbereitung . Bd. 536

VIII: Die Philosophie des 19. Jahrhunderts von *G. Lehmann.* 1. Teil. 151 Seiten. 1953 . . . . Bd. 571

IX: Die Philosophie des 19. Jahrhunderts von *G. Lehmann.* 2. Teil. 168 Seiten. 1953 . . . . Bd. 709

X: Die Philosophie im ersten Drittel des 20. Jahrhunderts von *G. Lehmann.* In Vorbereitung . . . . . Bd. 845

Die geistige Situation der Zeit (1931) von *K. Jaspers.* 3., unveränderter Abdruck der 1932 bearbeiteten 5. Auflage. 211 Seiten. 1953 . . . . Bd. 1000

Philosophisches Wörterbuch von *M. Apel* †. 4., unveränderte Auflage. 260 Seiten. 1953 . . . . Bd. 1031

Geschichte der Pädagogik von *H. Weimer.* 11., neubearbeitete und vermehrte Auflage. 176 Seiten. 1954. . . . . . . Bd. 145

Therapeutische Psychologie. Freud – Adler – Jung von *W. M. Kranefeldt.* Mit einer Einführung von *C. G. Jung.* 2. Auflage. 152 Seiten. 1950 . . . . Bd. 1034

Soziologie. Geschichte und Hauptprobleme von *L. von Wiese.* 5. Auflage. 162 Seiten. 1954 . . . . Bd. 101

Religionswissenschaften

Jesus von *M. Dibelius* †. 2. Auflage. Unveränderter Nachdruck. 137 Seiten. 1949 . . . . Bd. 1130

Paulus von *M. Dibelius* †. Nach dem Tode des Verfassers herausgegeben und zu Ende geführt von *W. G. Kümmel.* 155 Seiten. 1951 . . . . Bd. 1106

Musik

Musikästhetik von *H. J. Moser*. 180 Seiten. 1953 . . . . Bd. 344

Systematische Modulation von *R. Hernried*. 2. Auflage. 136 Seiten. 1950 . . . . Bd. 1094

Der polyphone Satz von *E. Pepping*. 1. Teil: Der cantus-firmus-Satz. 2. Auflage. 223 Seiten. 1950 . . . . Bd. 1148

Harmonielehre von *H. J. Moser*.
I: 112 Seiten. 1954 . . . . Bd. 809
II: In Vorbereitung . . . . Bd. 810

Technik der deutschen Gesangskunst von *H. J. Moser*. Dritte, durchges. u. verbesserte Auflage. 144 Seiten mit 5 Fig. 1954 . . . . Bd. 576/576a

Die Kunst des Dirigierens von *H. W. von Waltershausen*. 2. Auflage. 138 Seiten. 1954 . . . . Bd. 1147

Die Technik des Klavierspiels aus dem Geiste des musikalischen Kunstwerkes von *K. Schubert* †. 3. Auflage. 110 Seiten. 1954 . . . . Bd. 1045

Die Musik des 19. Jahrhunderts von *W. Oehlmann*. 180 Seiten. 1953 . . . . Bd. 170

Allgemeine Musiklehre von *H. J. Moser*. 2., durchges. Auflage. 155 Seiten. 1955. . . . . . . Bd. 220/220a

Kunst

Stilkunde von *H. Weigert*.
I: Vorzeit, Antike, Mittelalter. 2. Auflage. 136 Seiten. Mit 94 Abbildungen. 1954 . . . . Bd. 80
II: Spätmittelalter und Neuzeit. 2. Auflage. 146 Seiten. Mit 84 Abbildungen. 1954 . . . . Bd. 781

Geschichte

Einführung in die Geschichtswissenschaft von *P. Kirn*. 2. Auflage. 121 Seiten. 1952 . . . . Bd. 270

Archäologie von *A. Rumpf*.
I: Einleitung, historischer Überblick. 143 Seiten mit 6 Abbildungen im Text und 12 Tafeln. 1953 . . . . . Bd. 538
II: In Vorbereitung . . . . Bd. 539

Kultur der Urzeit von *F. Behn*. 4. Auflage der „Kultur der Urzeit". Band I—III von *M. Hoernes*.
I: Die vormetallischen Kulturen. (Die Steinzeiten Europas. Gleichartige Kulturen in anderen Erdteilen). 172 Seiten mit 48 Abbildungen. 1950 . . . . Bd. 564
II: Die älteren Metallkulturen. (Der Beginn der Metallbenutzung. Kupfer- und Bronzezeit in Europa, im Orient und in Amerika). 160 Seiten mit 67 Abbildungen. 1950 Bd. 565
III: Die jüngeren Metallkulturen. (Das Eisen als Kulturmetall. Hallstatt-Latène-Kultur in Europa. Das erste Auftreten des Eisens in den anderen Erdteilen). 149 Seiten mit 60 Abbildungen. 1950. . . . . Bd. 566

Vorgeschichte Europas von *F. Behn*. Völlig neue Bearbeitung der 7. Auflage der „Urgeschichte der Menschheit" von *M. Hoernes*. 125 Seiten mit 47 Abbildungen. 1949 . . . Bd. 42

Von den Karolingern zu den Staufern von *J. Haller*. Die altdeutsche Kaiserzeit (900–1250). 3. Auflage. 141 Seiten mit 4 Karten. 1944 . . . . Bd. 1065

Deutsche Geschichte im Zeitalter der Reformation, der Gegenreformation und des 30jährigen Krieges von *F. Hartung*. 129 Seiten. 1951 . . . . Bd. 1105

Quellenkunde der deutschen Geschichte im Mittelalter von *K. Jacob*† (bis zur Mitte des 15. Jahrhunderts).

I: Einleitung, Allgemeiner Teil. Die Zeit der Karolinger. 5. Auflage. 118 Seiten. 1949 . . . . Bd. 279

II: Die Kaiserzeit (911 – 1250). 4. Auflage. 127 Seiten. 1949 . . . . Bd. 280

III: Das Spätmittelalter (vom Interregnum bis 1500). Unter Verwendung der Hinterlassenschaft herausgegeben von *F. Weden*. 152 Seiten. 1952 . . . . Bd. 284

Badische Geschichte von A. Krieger. 137 Seiten. 1921 . . . . Bd. 230

Geschichte Englands von *H. Preller*.

I: bis 1815. 3., stark umgearbeitete Auflage. 135 Seiten mit 7 Stammtafeln und 2 Karten im Text. 1952 . . . . Bd. 375

II: von 1815 bis 1910. 2., völlig umgearb. Auflage. 118 S. mit 1 Stammtafel und 7 Karten im Text. 1954 . . . Bd. 1088

Thüringische Geschichte von *E. Devrient*. 2. Auflage. 136 Seiten. 1921. . . . . Bd. 352

Deutsche Sprache und Literatur

Deutsches Rechtschreibungswörterbuch von *M. Gottschald*. 2., verbesserte Auflage. 269 Seiten. 1953 . . . . Bd. 200/200a

Deutsche Wortkunde von *A. Schirmer*. Eine kulturgeschichtliche Betrachtung des deutschen Wortschatzes. 3., durchgesehene Auflage. 109 Seiten. 1949 . . . . Bd. 929

Deutsche Sprachlehre von *W. Hofstaetter*. 9., neubearbeitete Auflage von *G. Spree*. 144 Seiten. 1953 . . . . Bd. 20

Redetechnik von *H. Biehle*. Einführung in die Rhetorik. 115 Seiten. 1954 . . . . Bd. 61

Sprechen und Sprachpflege von *H. Feist*. (Die Kunst des Sprechens). 2., verbesserte Auflage. 99 Seiten mit 25 Abbildungen. 1952 . . . . Bd. 1122

Deutsches Dichten und Denken von der germanischen bis zur staufischen Zeit von *H. Naumann*. (Deutsche Literaturgeschichte vom 5.–13. Jahrhundert). 2., verbesserte Auflage. 166 Seiten. 1952 . . . . Bd. 1121

Deutsches Dichten und Denken vom Mittelalter zur Neuzeit von *G. Müller* (1270–1700). 2., durchgesehene Auflage. 159 Seiten. 1949 . . . . Bd. 1086

Deutsches Dichten und Denken von der Aufklärung bis zum Realismus von *K. Viëtor* (Deutsche Literaturgeschichte von 1700–1890). 2., durchgesehene Auflage. 156 Seiten. 1949 . . . . Bd. 1096

Der Nibelunge Nôt in Auswahl mit kurzem Wörterbuch von *K. Langosch*. 9., umgearbeitete Auflage. 164 Seiten. 1953 . . . . Bd. 1

Die deutschen Personennamen von *M. Gottschald*. 2., verbesserte Auflage. 151 Seiten. 1955 . . . . Bd. 422

Indogermanisch · Germanisch

Gotisches Elementarbuch von *H. Hempel.* Grammatik, Texte mit Übersetzung und Erläuterungen. 2., umgearbeitete Auflage. 165 Seiten. 1953 . . . . **Bd. 79**

Indogermanische Sprachwissenschaft von *H. Krahe.* 2. Auflage. 134 Seiten. 1948 . . . . **Bd. 59**

Germanische Sprachwissenschaft von *H. Krahe.* 2. Auflage.
II: Formenlehre. 140 Seiten. 1948 . . . . Bd. 780

Althochdeutsches Elementarbuch von *H. Naumann* † und *W. Betz.* 2. Auflage. 156 Seiten. 1954 . . . . Bd. 1111

Altnordisches Elementarbuch von *F. Ranke.* Schrifttum, Sprache, Texte mit Übersetzung und Wörterbuch. 2., durchgesehene Auflage. 146 Seiten. 1949 . . . . . Bd. 1115

Englisch · Französisch · Italienisch

Altenglisches Elementarbuch von *M. Lehnert.* Einführung, Grammatik, Texte mit Übersetzung und Wörterbuch. 2., verbesserte und vermehrte Aufl. 176 Seiten. 1950 . Bd. 1125

Beowulf von *M. Lehnert.* Eine Auswahl mit Einführung, teilweiser Übersetzung, Anmerkungen und etymologischem Wörterbuch. 2., verbesserte Auflage. 135 Seiten. 1949 Bd. 1135

Englische Literaturgeschichte.
I: Die alt- und mittelenglische Periode von *F. Schubel.* 163 Seiten. 1954 . . . . Bd. 1114
II: Von der Renaissance bis zur Aufklärung von *Paul Meissner*†. 139 Seiten. 1937 . . . . Bd. 1116
III: Romantik und Viktorianismus von *Paul Meissner*†. 150 Seiten. 1938 . . . . Bd. 1124
IV: Das 20. Jahrhundert von *Paul Meissner*†. 150 Seiten. 1939 . . . . Bd. 1136

Italienische Literaturgeschichte von *K. Vossler.* Unveränderter Nachdruck der 1927 erschienenen 4., durchgesehenen und verbesserten Auflage. 148 Seiten. 1948 . . . . Bd. 125

Shakespeare von *P. Meissner*†. 2. Auflage, neubearbeitet von M. Lehnert. 136 Seiten. 1954 . . . . Bd. 1142

Griechisch · Lateinisch

Griechische Sprachwissenschaft von *W. Brandenstein.*
I: Einleitung, Lautsystem, Etymologie. 160 Seiten. 1954 Bd. 117

Geschichte der griechischen Sprache
I: Bis zum Ausgang der klassischen Zeit. Von *O. Hoffmann*†. 3., umgearbeitete Auflage von *A. Debrunner.* 156 Seiten. 1954 . . . . Bd. 111
II: Grundfragen und Grundzüge d. nachklass. Griechisch. Von *A. Debrunner.* 144 Seiten. 1954 . . . . Bd. 114

Geschichte der griechischen Literatur von *W. Nestle.* 2., verbesserte Auflage.
I: Von den Anfängen bis auf Alexander d. Gr. 148 Seiten. 1950 . . . . Bd. 70
II: Von Alexander d. Gr. bis zum Ausgang der Antike. 128 Seiten. 1948 . . . . Bd. 557

Geschichte der lateinischen Sprache von *F. Stolz* †. 3., stark umgearbeitete Auflage von *A. Debrunner*. 136 Seiten. 1953 . . . . Bd. 492

Hebräisch · Sanskrit · Russisch

Hebräische Grammatik von *G. Beer*†. 2., völlig neubearbeitete Auflage von *R. Meyer*.
I: Schrift-, Laut- und Formenlehre I. 157 Seiten. 1952. Bd. 763/763a
II: Schrift-, Laut- und Formenlehre II. 1954. In Vorbereitung . . . . Bd. 764/764a

Sanskrit-Grammatik von *M. Mayrhofer*. 89 Seiten. 1953 . . . Bd. 1158

Russische Grammatik von *G. Berneker*. 6., unveränderte Auflage von *M. Vasmer*. 155 Seiten. 1947 . . . . Bd. 66

Erd- und Länderkunde

Afrika von *F. Jaeger*. Ein geographischer Überblick. 2., umgearbeitete Auflage.
I: Der Lebensraum. 179 Seiten mit 18 Abbildungen. 1954 Bd. 910
II: Mensch und Kultur. 155 Seiten mit 6 Abbildungen. 1954 Bd. 911

Australien und Ozeanien von *H. J. Krug*. 176 Seiten mit 46 Skizzen. 1953 . . . . Bd. 319

Kartenkunde von *M. Eckert-Greifendorff*†. 3., durchgesehene Auflage von *W. Kleffner*. 149 Seiten mit 63 Abb. 1950 Bd. 30

Volkswirtschaft · Publizistik

Allgemeine Betriebswirtschaftslehre von *K. Mellerowicz*. 8., unveränderte Auflage.
I: 142 Seiten. 1954 . . . . Bd. 1008
II: 112 Seiten. 1954 . . . . Bd. 1153
III: 143 Seiten. 1954 . . . . Bd. 1154

Zeitungslehre von *E. Dovifat*. 3., neubearbeitete Auflage. 1955. 2 Bände. In Vorbereitung . . . . Bd. 1039/1040

Naturwissenschaften

Mathematik

Geschichte der Mathematik von *J. E. Hofmann.*
I: Von den Anfängen bis zum Auftreten von Fermat und Descartes. 200 Seiten. 1953 . . . . Bd. 226
Mathematische Formelsammlung von *F. Ringleb.* Vollständig umgearbeitete Neuausgabe des Werkes von *O. Th. Bürklen.* 5., verbesserte Auflage. 274 Seiten mit 57 Figuren. 1949 . . . . Bd. 51
Fünfstellige Logarithmen von *A. Adler.* Mit mehreren graphischen Rechentafeln und häufig vorkommenden Zahlwerten. 2. Auflage. Neudruck. 127 Seiten mit 1 Tafel. 1949 . . . . Bd. 423
Höhere Algebra von *H. Hasse.* 3., verbesserte Auflage.
I: Lineare Gleichungen. 152 Seiten. 1951 . . . . Bd. 931
II: Gleichungen höheren Grades. 158 Seiten mit 5 Figuren. 1951 . . . . Bd. 932
Aufgabensammlung zur höheren Algebra von *H. Hasse* und *W. Klobe.* 2., verbesserte und vermehrte Auflage. 181 Seiten. 1952 . . . . Bd. 1082
Elementare und klassische Algebra vom modernen Standpunkt von *W. Krull.* 2., erweiterte Auflage.
I: 136 Seiten. 1952 . . . . Bd. 930
Einführung in die Zahlentheorie von *A. Scholz*†. Überarbeitet von *B. Schoeneberg.* 1955. In Vorbereitung . . . . . . Bd. 1131
Gruppentheorie von *L. Baumgartner.* 2. Auflage. 115 Seiten mit 6 Figuren. 1949 . . . . Bd. 837
Funktionentheorie von *K. Knopp.* 7. Auflage.
I: Grundlagen der allgemeinen Theorie der analytischen Funktionen. 139 Seiten. Nachdruck 1954 . . . . Bd. 668
II: Anwendungen und Weiterführung der allgemeinen Theorie. 130 Seiten. Nachdruck 1954 . . . . Bd. 703
Aufgabensammlung zur Funktionentheorie von *K. Knopp.* 4. Auflage.
I: Aufgaben zur elementaren Funktionentheorie. 135 Seiten. 1949 . . . . Bd. 877
II: Aufgaben zur höheren Funktionentheorie. 151 Seiten. 1949 . . . . Bd. 878
Elemente der Funktionentheorie von *K. Knopp.* 3. Auflage. 144 Seiten. Nachdruck 1954 . . . . Bd. 1109
Differentialrechnung von *A. Witting*†. 3., neubearbeitete Auflage. Durchgesehener Neudruck. 201 Seiten mit 95 Figuren und 200 Beispielen. 1949 . . . . Bd. 87

Repetitorium und Aufgabensammlung zur Differentialrechnung von *A. Witting†*. 2., neubearbeitete Auflage. Durchgesehener Neudruck. 145 Seiten. 1949 . . . . Bd. 146

Integralrechnung von *A. Witting†*. 2., verbesserte Auflage. Durchgesehener Neudruck. 176 Seiten mit 62 Figuren und 190 Beispielen . . . . Bd. 88

Repetitorium und Aufgabensammlung zur Integralrechnung von *A. Witting†*. 2., neubearbeitete Auflage. Durchgesehener Neudruck. 121 Seiten mit 32 Figuren und 309 Beispielen. 1949. . . . . Bd. 147

Gewöhnliche Differentialgleichungen von *G. Hoheisel*. 4., neubearbeitete Auflage. 129 Seiten. 1951 . . . . Bd. 920

Partielle Differentialgleichungen von *G. Hoheisel*. 3., neubearbeitete Auflage. Etwa 130 Seiten. 1954 . . . . . . Bd. 1003

Aufgabensammlung zu den gewöhnlichen und partiellen Differentialgleichungen von *G. Hoheisel*. 2., umgearbeitete Auflage. 124 Seiten. 1952 . . . . Bd. 1059

Darstellende Geometrie von *W. Haack*.

I: Die wichtigsten Darstellungsmethoden. Grund- und Aufriß ebenmäßiger Körper. 106 Seiten mit 117 Abbildungen. 1954 . . . . Bd. 142

II: Körper mit krummen Begrenzungsflächen. Kotierte Projektionen. 129 Seiten mit 86 Abbildungen. 1954 . . Bd. 143

Sammlung von Aufgaben und Beispielen zur analytischen Geometrie der Ebene von *R. Haussner*. Mit den vollständigen Lösungen. 139 Seiten mit 22 Figuren im Text. Neudruck. 1949 . . . . Bd. 256

Nichteuklidische Geometrie von *R. Baldus†*. Hyperbolische Geometrie der Ebene. 3., verbesserte Auflage, durchgesehen und herausgegeben von *F. Löbell*. 140 Seiten mit 70 Figuren im Text. 1954 . . . . Bd. 970

Differentialgeometrie von *K. Strubecker* (früher Rothe). 2 Bände. In Vorbereitung . . . . Bd. 1113

Einführung in die konforme Abbildung von *L. Bieberbach*. 4. Auflage. 147 Seiten mit 42 Zeichnungen. 1949 . . . Bd. 768

Vektoranalysis von *S. Valentiner*. Neudruck der 7. Auflage (1950). 138 Seiten mit 19 Figuren. 1954 . . . . Bd. 354

Vermessungskunde von *P. Werkmeister*.

I: Stückmessung und Nivellieren. 9. Auflage. 165 Seiten mit 145 Figuren. 1949 . . . . Bd. 468

II: Messung von Horizontalwinkeln. Festlegung von Punkten im Koordinatensystem. Absteckungen. 7. Auflage. 151 Seiten mit 93 Figuren. 1949 . . . . Bd. 469

III: Trigonometrische und barometrische Höhenmessung. Tachymetrie und Topographie. 6. Auflage. 147 Seiten mit 64 Figuren. 1949 . . . . Bd. 862

Versicherungsmathematik von *F. Böhm*.

I: Elemente der Versicherungsrechnung. 3., vermehrte und verbesserte Auflage. Durchgesehener Neudruck. 151 Seiten. 1954. . . . . Bd. 180

II: Lebensversicherungsmathematik. Einführung in die technischen Grundlagen der Sozialversicherung. 2., verbesserte Auflage. 205 Seiten. 1953 . . . . Bd. 917/917a

Physik

Chemie

Technologie

Warenkunde von *K. Hassak*† und *E. Beutel*†. 7. Auflage. Neubearbeitet von *A. Kutzelnigg*.
I: Anorganische Waren sowie Kohle und Erdöl. 116 Seiten mit 19 Figuren. 1947 . . . . Bd. 222
II: Organische Waren. 143 Seiten mit 32 Figuren. 1949 . . Bd. 222

Die Fette und Öle von *K. Braun*†. 5., völlig neubearbeitete und verbesserte Auflage von *Th. Klug*. 145 Seiten. 1950 . . Bd. 335

Die Seifenfabrikation von *K. Braun*†. 3., neubearbeitete und verbesserte Auflage von *Th. Klug*. 116 Seiten mit 18 Abbildungen. 1953 . . . . Bd. 336

Textilindustrie von *A. Blümcke*.
I: Spinnerei und Zwirnerei. 112 Seiten mit 43 Abbildungen. 1954. . . . . Bd. 184

Biologie

Hormone von *G. Koller*. 2., neubearbeitete und erweiterte Auflage. 187 Seiten mit 60 Abbildungen und 19 Tabellen. 1949 . . . . Bd. 1141

Fortpflanzung im Tier- und Pflanzenreich von *J. Hämmerling*. 2., ergänzte Auflage. 135 Seiten mit 101 Abbildungen. 1951 . . . . Bd. 1138

Geschlecht und Geschlechtsbestimmung im Tier- und Pflanzenreich von *M. Hartmann*. 2., verbesserte Auflage. 116 Seiten mit 61 Abbildungen und 7 Tabellen. 1951 . Bd. 1127

Grundriß der allgemeinen Mikrobiologie von *W. Schwartz*
I: 104 Seiten mit 17 Abbildungen. 1949 . . . . Bd. 1155
II: 93 Seiten mit 12 Abbildungen. 1949 . . . . Bd. 1157

Symbiose der Tiere mit pflanzlichen Mikroorganismen von *P. Buchner*. 2., verbesserte und vermehrte Auflage. 130 Seiten mit 121 Abbildungen. 1949 . . . . Bd. 1128

Botanik

Entwicklungsgeschichte desPflanzenreiches von *H. Heil*. 2. Auflage. 138 Seiten mit 94 Abbildungen und 1 Tabelle. 1950 Bd. 1137

Morphologie der Pflanzen von *L. Geitler*. 3. Auflage. 126 Seiten mit 114 Abbildungen. 1954 . . . . Bd. 141

Pflanzenzüchtung von *H. Kuckuck*. 3., völlig umgearbeitete Auflage.
I: Grundzüge der Pflanzenzüchtung. 132 Seiten mit 22 Abbildungen. 1952 . . . . Bd. 1134

Die Laubhölzer von *F. W. Neger*† und *E. Münch*†. Kurzgefaßte Beschreibung der in Mitteleuropa gedeihenden Laubbäume und Sträucher. 3., durchgesehene Auflage, herausgegeben von *B. Huber*. 143 Seiten mit 63 Figuren und 7 Tabellen. 1950 . . . . Bd. 718

Die Nadelhölzer (Koniferen) und übrigen Gymnospermen von *F. W. Neger*† und *E. Münch*†. 4. Auflage. Durchgesehen und ergänzt von *B. Huber*. 140 Seiten mit 75 Figuren, 4 Tabellen und 3 Karten. 1952 . . . . Bd. 355

Zoologie

Entwicklungsphysiologie der Tiere von *F. Seidel.*
I: Ei und Furchung. 126 Seiten mit 29 Abbildungen. 1953 . . . . Bd. 1162
II: Körpergrundgestalt und Organbildung. 159 Seiten mit 42 Abbildungen. 1953 . . . . Bd. 1163

Das Tierreich.
Fische von *D. Lüdemann.* In Vorbereitung . . . . . Bd. 356
Insekten von *H. von Lengerken.* 128 Seiten mit 58 Abbildungen. 1953 . . . . Bd. 594
Lurche von *K. Herter.* 140 Seiten mit 129 Abbild. 1955 Bd. 847
Spinnentiere von *A. Kaestner.* 96 S. mit 55 Abb. 1955. Bd. 1161
Würmer von *S. Jaeckel.* 112 Seiten mit 36 Abbild. 1954 Bd. 439
Weichtiere von *S. Jaeckel.* 92 Seiten mit 34 Abbildungen. 1955 . . . . Bd. 440

Vergleichende Physiologie der Tiere von *K. Herter.* 3. Auflage der „Tierphysiologie".
I: Stoff- und Energiewechsel. 155 Seiten mit 64 Abbild. 1950 . . . . Bd. 972
II: Bewegung und Reizerscheinungen. 148 Seiten mit 110 Abbildungen. 1950 . . . . Bd. 973

Land- und Forstwirtschaft

Landwirtschaftliche Tierzucht von *H. Vogel.* Die Züchtung und Haltung der landwirtschaftlichen Nutztiere. 139 Seiten mit 11 Abbildungen. 1952 . . . . Bd. 228

Kulturtechnische Bodenverbesserungen von *O. Fauser.* 4., neubearbeitete Auflage.
I: Allgemeines, Entwässerung. 122 Seiten mit 47 Abbildungen. 1947 . . . . Bd. 691
II: Bewässerung, Ödlandkultur, Umlegung. 150 Seiten mit 67 Abbildungen. 1949 . . . . Bd. 692

Agrikulturchemie von *K. Scharrer.*
I: Pflanzenernährung. 143 Seiten. 1953 . . . . Bd. 329

Geologie · Mineralogie · Kristallographie

Kristallographie von *W. Bruhns*† und *P. Ramdohr.* 4. Auflage. 106 Seiten mit 163 Abbildungen. 1954 . . . . Bd. 210

Einführung in die Kristalloptik von *E. Buchwald.* 4., verbess. Auflage. 138 Seiten mit 121 Figuren. 1952 . . . . . . Bd. 619

Lötrohrprobierkunde von *M. Henglein.* Mineraldiagnose mit Lötrohr- und Tüpfelreaktion. 3., verbesserte Auflage. 91 Seiten mit 11 Figuren. 1949 . . . . Bd. 483

Mineral- und Erzlagerstättenkunde von *H. Huttenlocher.*
I: 128 Seiten mit 34 Abbildungen. 1954 . . . . Bd. 1014
II: 156 Seiten mit 48 Abbildungen. 1954 . . . . . Bd. 1015/1015a

Mineralogie von *R. Brauns*† und *K. F. Chudoba.* 9. Auflage.
I: Allgemeine Mineralogie. 1955. In Vorbereitung . . . Bd. 29
II: Spezielle Mineralogie. 1955. In Vorbereitung . . . . Bd. 31

Petrographie. Von *W. Bruhns*† und *P. Ramdohr.* 4., durchgesehene Auflage. Mit 10 Abbildungen. 1955. In Vorbereitung . . . . Bd. 173

Geologie von *F. Lotze.* 1955. In Vorbereitung . . . . Bd. 13

Technik

Elektrotechnik

Die Gleichstrommaschine von *K. Humburg.* Durchgesehener Neudruck.
I: 102 Seiten mit 59 Abbildungen. 1949 . . . . Bd. 257
II: 98 Seiten mit 38 Abbildungen. 1949 . . . . Bd. 881

Die synchrone Maschine von *K. Humburg.* Neudruck. 109 Seiten mit 78 Bildern. 1951 . . . . Bd. 1146

Induktionsmaschinen von *F. Unger.* 2., erweiterte Auflage. 142 Seiten mit 49 Abbildungen. 1954 . . . . Bd. 1140

Transformatoren von *W. Schäfer.* 2. Auflage. 128 Seiten mit 74 Abbildungen. 1949 . . . . Bd. 952

Die komplexe Berechnung von Wechselstromschaltungen von *H. H. Meinke.* 160 Seiten mit 114 Abbildungen. 1949 . Bd. 1156

Theoretische Grundlagen zur Berechnung der Schaltgeräte von *F. Kesselring.* 3. Auflage. 144 Seiten mit 92 Abbildungen. 1950 . . . . Bd. 711

Elektromotorische Antriebe (Grundlagen für die Berechnung) von *A. Schwaiger.* 3., neubearbeitete Auflage. 96 Seiten mit 34 Abbildungen. 1952 . . . . Bd. 827

Technische Tabellen und Formeln von *W. Müller.* 4., verbesserte und erweiterte Auflage von *E. Schulze.* 152 Seiten mit 105 Figuren. 1951 . . . . Bd. 579

Überspannungen und Überspannungsschutz von *G. Frühauf.* Durchgesehener Neudruck. 122 Seiten mit 98 Abbildungen. 1950 . . . . Bd. 1132

Maschinenbau

Werkzeugmaschinen von *K. P. Matthes.*
I: 110 Seiten mit 27 Abbildungen, 11 Zahlentafeln im Text und 1 Tafelanhang. 1954 . . . . Bd. 561
II: 1955. In Vorbereitung . . . . Bd. 562

Die Maschinenelemente von *E. A. vom Ende.* 2., verbesserte Auflage. 159 Seiten mit 173 Figuren und 12 Tafeln. 1950 Bd. 3

Das Maschinenzeichnen mit Einführung in das Konstruieren von *W. Tochtermann.* 4. Auflage.
I: Das Maschinenzeichnen. 156 Seiten mit 77 Tafeln. 1950 Bd. 589
II: Ausgeführte Konstruktionsbeispiele. 130 Seiten mit 58 Tafeln. 1950 . . . . Bd. 590

Getriebelehre von *P. Grodzinski.* 2., neubearbeitete Auflage.
I: Geometrische Grundlagen. 159 Seiten mit 142 Figuren. 1953 . . . . Bd. 1061

Gießereitechnik von *H. Jungbluth.*
I: Eisengießerei. 126 Seiten mit 44 Abbildungen. 1951 . . Bd. 1159

Die Dampfkessel und Feuerungen einschließlich Hilfseinrichtungen in Theorie, Konstruktion und Berechnung von *W. Marcard*†. 2. Auflage. Neubearbeitet von *K. Beck*.
I: Die theoretischen Grundlagen. Wärme, Verbrennung, Wärmeübertragung. 150 Seiten mit 42 Abbildungen und 16 Tabellen. 1951 . . . . Bd. 9
II: Dampfkessel. 147 Seiten mit 43 Abbildungen. 1952 . . Bd. 521

Technische Thermodynamik von *W. Nusselt*.
I: Grundlagen. 3., verbesserte Auflage. 144 Seiten mit 71 Abbildungen. 1950 . . . . Bd. 1084
II: Theorie der Wärmekraftmaschinen. Neudruck. 144 Seiten mit 87 Abbildungen und 32 Zahlentafeln. 1951 . . Bd. 1151

Autogenes Schweißen und Schneiden von *H. Niese*. 5. Auflage. Neubearbeitet von *A. Küchler*. 136 Seiten mit 71 Figuren. 1954 . . . . Bd. 499

Elektrische Schweißverfahren von *H. Niese*. Herausgegeben von *H. Dienst*. In Vorbereitung . . . . Bd. 1020

Metallkunde. Einführendes über Aufbau, Eigenschaften und Untersuchung von Metallen und Legierungen sowie über Grundlagen des Schmelzens, des Gießens, des Verformens, der Wärmebehandlung, der Oberflächenbehandlung, der Verbinde- und Trennarbeiten von *H. Borchers*. 2. Auflage.
I: Aufbau der Metalle und Legierungen. 110 Seiten mit 2 Tabellen und 90 Abbildungen. 1950 . . . . Bd. 432
II: Eigenschaften. Grundzüge der Form- und Zustandsgebung. 154 Seiten mit 8 Tabellen und 100 Abbildungen. 1952 . . . . Bd. 433

Dynamik von *W. Müller*. 2., verbesserte Auflage.
I: Dynamik des Einzelkörpers. 128 Seiten mit 48 Figuren. 1952 . . . . Bd. 902
II: Systeme von starren Körpern. 102 Seiten mit 41 Figuren. 1952 . . . . Bd. 903

Technische Schwingungslehre von *L. Zipperer*.
I: Allgemeine Schwingungsgleichungen, einfache Schwinger. 2., neubearbeitete Auflage. 120 Seiten mit 101 Abbildungen. 1953 . . . . Bd. 953
II: In Vorbereitung . . . . Bd. 961

Hebezeuge von *G. Tafel*.
I: 2., verbesserte Auflage. 276 Seiten mit 230 Figuren. 1954 . . . . Bd. 414/414a

Wasserbau

Wasserkraftanlagen von *A. Ludin*. 2 Bände. 1955. In Vorbereitung . . . . Bd. 665/666

Verkehrswasserbau von *H. Dehnert*.
I: Entwurfsgrundlagen, Flußregelungen. 103 Seiten mit 52 Textabbildungen. 1950 . . . . Bd. 585
II: Flußkanalisierungen und Schiffahrtskanäle. 94 Seiten mit 60 Textabbildungen. 1950 . . . . Bd. 597
III: Schleusen und Hebewerke. 98 Seiten mit 70 Textabbildungen. 1950 . . . . Bd. 1152

Hoch- und Tiefbau

SAMMLUNG GÖSCHEN / BANDNUMMERNFOLGE

319 Krug, Australien und Ozeanien
329 Scharrer, Agrikulturchemie I
335 Braun-Klug, Fette und Öle
336 Braun-Klug, Seifenfabrikation
342 Körting, Heizung und Lüftung I
343 Körting, Heizung und Lüftung II
344 Moser, Musikästhetik
352 Devrient. Thüring. Geschichte
354 Valentiner, Vektoranalysis
355 Neger-Münch, Nadelhölzer
356 Lüdemann, Fische
375 Preller, Geschichte Englands I
394/394a Schilling, Von der Renaissance bis Kant
414/414a Tafel, Hebezeuge I
422 Gottschald, Dt. Personennamen
423 Adler, Fünfstell. Logarithmen
432 Borchers, Metallkunde I
433 Borchers, Metallkunde II
439 Jaeckel, Würmer
440 Jaeckel, Weichtiere
445 Asmus, Physikal.-chemische Rechenaufgaben
452 Bahrdt-Scheer, Stöchiometrische Aufgabensammlung
468 Werkmeister, Vermessungskunde I
469 Werkmeister, Vermessungskunde II
483 Henglein, Lötrohrprobierkunde
492 Stolz-Debrunner, Geschichte der lateinischen Sprache
499 Niese, Autogen. Schweißen
500 Simmel, Hauptprobleme der Philosophie
521 Marcard-Beck, Dampfkessel und Feuerungen II
536 Lehmann, Kant
538 Rumpf, Archäologie I
539 Rumpf, Archäologie II
557 Nestle, Griechische Literaturgeschichte II
561 Matthes, Werkzeugmaschinen I
562 Matthes, Werkzeugmasch. II
564 Behn, Kultur der Urzeit I
565 Behn, Kultur der Urzeit II
566 Behn, Kultur der Urzeit III
571 Lehmann, Philosophie des 19. Jahrhunderts I
576/576a Moser, Gesangskunst
579 Müller-Schulze, Techn. Tabellen
585 Dehnert, Verkehrswasserbau I
589 Tochtermann, Maschinenzeichnen I
590 Tochtermann, Maschinenzeichnen II
594 Lengerken, Insekten
597 Dehnert, Verkehrswasserbau II
619 Buchwald, Kristalloptik
665 Ludin, Wasserkraftanlagen I
666 Ludin, Wasserkraftanlagen II
668 Knopp, Funktionentheorie I
691 Fauser, Kulturtechn. Bodenverbesserungen I
692 Fauser, Kulturtechn. Bodenverbesserungen II
698 Schulze, Allgemeine und physikalische Chemie II
703 Knopp, Funktionentheorie II
709 Lehmann, Philosophie des 19. Jahrhunderts II
711 Kesselring, Berechnung der Schaltgeräte
718 Neger-Münch, Laubhölzer
763/763a Beer-Meyer, Hebräische Grammatik I
764/764a Beer-Meyer, Hebräische Grammatik II
768 Bieberbach, Einführung in die konforme Abbildung
780 Krahe, Germ. Sprachwiss. II
781 Weigert, Stilkunde II
768 Schulze, Molekülbau
807 Kropp, Erkenntnistheorie I
809 Moser, Harmonielehre I
810 Moser, Harmonielehre II
826 Koch, Philosophie des Mittelalters
827 Schwaiger, Elektromotorische Antriebe
837 Baumgartner, Gruppentheorie
845 Lehmann, Philosophie im ersten Drittel des 20. Jahrhunderts
847 Herter, Lurche
857 Capelle, Griech. Philosophie I
858 Capelle, Griech. Philosoph. II
859 Capelle, Griech. Philosoph. III
862 Werkmeister, Vermessungskunde III
863 Capelle, Griech. Philosoph. IV
877 Knopp, Aufgabensammlung zur Funktionentheorie I

878 Knopp, Aufgabensammlung zur Funktionentheorie II
881 Humburg, Gleichstrommaschine II
902 Müller, Dynamik I
903 Müller, Dynamik II
910 Jaeger, Afrika I
911 Jaeger, Afrika II
917/917a Böhm, Versicherungsmathematik II
920 Hoheisel, Gewöhnliche Differentialgleichungen
929 Schirmer, Dt. Wortkunde
930 Krull, Elementare und klassische Algebra I
931 Hasse, Höhere Algebra I
932 Hasse, Höhere Algebra II
952 Schäfer, Transformatoren
953 Zipperer, Techn. Schwingungslehre I
961 Zipperer, Techn. Schwingungslehre II
965 Dehnert, Wehr- u. Stauanlagen
970 Baldus-Löbell, Nichteuklid. Geometrie
972 Herter, Tierphysiologie I
973 Herter, Tierphysiologie II
978 Kleinlogel, Baustoffverarbeitung und Baustellenprüfung des Betons
984 Graf, Die wichtigsten Baustoffe des Hoch- und Tiefbaues
1000 Jaspers, Geistige Situation
1002 Jander-Jahr, Maßanalyse II
1003 Hoheisel, Partielle Differentialgleichungen
1008 Mellerowicz, Allgemeine Betriebswirtschaftslehre I
1009 Bechert-Gerthsen, Atomphysik I
1014 Huttenlocher, Mineral- und Erzlagerstättenkunde I
1015/1015a Huttenlocher, Mineral- und Erzlagerstättenkunde II
1021 Niese-Dienst, Elektr. Schweißverfahren
1031 Apel, Philosophisches Wörterbuch
1033 Bechert-Gerthsen, Atomphysik II
1034 Kranefeldt, Therapeutische Psychologie
1039 Dovifat, Zeitungslehre I
1040 Dovifat, Zeitungslehre II
1044 Tölke, Talsperren
1045 Schubert, Technik des Klavierspiels
1057 Roth, Thermochemie
1059 Hoheisel, Aufgabensammlung zu den gewöhnl. und partiellen Differentialgleichungen
1061 Grodzinski, Getriebelehre I
1065 Haller, Von den Karolingern zu den Staufern
1070 Sauter, Differentialgleichungen der Physik
1078 Troche, Stahlbetonbau
1082 Hasse-Klobe, Aufgabensammlung zur Höheren Algebra
1084 Nusselt, Technische Thermodynamik I
1086 Müller, Dt. Dichten u. Denken
1088 Preller, Geschichte Englands II
1092 Wickop, Fenster, Türen, Tore,
1094 Hernried, System. Modulation
1096 Viëtor, Dt. Dichten u. Denken
1105 Hartung, Dt. Geschichte im Zeitalter der Reformation
1109 Knopp, Elemente der Funktionentheorie
1111 Naumann-Betz, Althochdeutsches Elementarbuch
1113 Strubecker, Differentialgeometrie I
1114 Schubel, Englische Literaturgeschichte I
1115 Ranke, Altnord. Elementarbuch
1116 Meissner, Englische Literaturgeschichte II
1121 Naumann, Dt. Dichten und Denken
1122 Feist, Sprechen und Sprachpflege
1123/1123a Bechert-Gerthsen, Atomphysik III
1124 Meissner, Englische Literaturgeschichte III
1125 Lehnert, Altengl. Elementarbuch
1127 Hartmann, Geschlecht und Geschlechtsbestimmung im Tier- und Pflanzenreich

1128 Buchner, Symbiose der Tiere mit pflanzl. Mikroorganismen
1130 Dibelius, Jesus
1131 Scholz-Schoeneberg Einführung in die Zahlentheorie
1132 Frühauf, Überspannungen und Überspannungsschutz
1134 Kuckuck, Pflanzenzüchtung I
1135 Lehnert, Beowulf
1136 Meissner, Englische Literaturgeschichte IV
1137 Heil, Entwicklungsgeschichte des Tier- und Pflanzenreichs
1138 Hämmerling, Fortpflanzung im Tier- und Pflanzenreich
1140 Unger, Induktionsmaschinen
1141 Koller, Hormone
1142 Meissner-Lehnert, Shakespeare
1144 Gehler, Festigkeitslehre I
1145 Herberg, Festigkeitslehre II
1146 Humburg, Synchrone Maschine
1147 v. Waltershausen, Kunst des Dirigierens
1148 Pepping, Der polyphone Satz I
1151 Nusselt, Technische Thermodynamik II
1152 Dehnert, Verkehrswasserbau III
1153 Mellerowicz, Allgem. Betriebswirtschaftslehre II
1154 Mellerowicz, Allgem. Betriebswirtschaftslehre III
1155 Schwartz, Mikrobiologie I
1156 Meinke, Kompl. Berechnung der Wechselstromschaltungen
1157 Schwartz, Mikrobiologie II
1158 Mayrhofer, Sanskrit-Grammatik
1159 Jungbluth, Gießereitechnik I
1160 Dibelius-Kümmel, Paulus
1161 Kaestner, Spinnentiere
1162 Seidel, Entwicklungsphysiologie der Tiere I
1163 Seidel, Entwicklungsphysiologie der Tiere II
1165/1165a Bechert-Gerthsen, Atomphysik IV

AUTORENREGISTER

FSC
www.fsc.org
MIX
Papier | Fördert
gute Waldnutzung
FSC® C083411

Kolibri 360 GmbH
Ferdinand-Jühlke-Straße 7
99095 Erfurt, Deutschland
produktsicherheit@kolibri360.de